겨울 그 뒤

김애순 시집

■ 시인의 말

　소슬한 기운에 창밖의 산딸나무 붉은 잎이 날로 짙어가는 늦가을의 뒷자락에서 그동안 썼던 글들을 묶는다. 무수히 서성대었던 시간 속의 수줍은 나를 바라보면서.

　유년시절부터 머리카락 희끗할 때까지 끝내 내려놓지 못한 애틋함이 늘 함께 하는 삶이었다. 들녘에 피어난 한 떨기 풀꽃처럼 작은 기다림 속에 새겨온 꿈, 좀 더 가슴 따뜻한 날들을 그리며, 삶의 이야기를 쓰고자 했던 일상이 배어나 흐른다. 순간순간이 생각의 물결이었고, 그 물결은 강이 되어 무수한 물비늘 세우고 켜켜이 손짓한다.

　삶은 여정,
　쉼 없이 흘러가는 강물,
　그리고 끝이 없는 길 가기……

　여울목을 돌아선다.
　손 양산으로 바라보니 모두가 향기다.

걸음걸음 크고 작은 의미로 이어지는
별스럽지 않은 언어들이 나지막한 속삭임 속에
눈빛 밝힌다.

내 안에 아직 그리움 남아있기에
낙엽 쌓인 붉은 뜨락의 고독을 편지로 띄우며,
여울목 돌아서서, 겨울 그 뒤에 신뢰로 눈을 뜨는
노루귀의 새 봄을 향한 펌프질에
마중물이 되는 설렘의 날들을 꿈꾸며
하얀 모래톱 위에 서있는 나를 발견한다.

                              2015년 9월
                        청아서실에서 김애순

차례

시인의 말　6

제1부　삶의 포구에서

삶의 포구에서　14
삼월의 단상　15
말의 해 아침　16
사유思惟의 강　18
불면　20
어느 봄날　21
용마루길 걸으며　22
등꽃 향기　24
보수의 늪　25
오월의 길목　26
독수정의 봄　27
고사리 꺾기　28
봄 서리　30
수선화　31
샛길　32
은방울꽃　33
무지개　34

제2부 산다는 건

어머니 36
도라지꽃 38
산다는 건 40
바람 부는 날 41
어떤 여로 女路 42
초여름 44
능소화 45
그대 있음에 46
겨울 산책 48
장터에서 50
청소하다가 51
도시의 오후 52
정 情 53
초록 향기 속에서 54
운친 저수지 55
고향의 여름 56
섬 57
가을 소풍 58

제3부 가을 속으로

벗에게 60
가을 서곡 62

대숲 바람 소리   63
어의도   64
사과 익을 때   66
가을 서정   67
단풍 물든 날   68
어쩌면   69
청심   70
산에 오르며   72
가을 창가에서   74
마로니에 피어나던 날   75
코스모스   76
붉은 새의 물레질   78
글밭은 어디쯤   79
시 쓰는 날   80
속초 바다·I   81
속초 바다·II   82
국화차 마시는 밤   84
메밀꽃 추억   85
가끔은   86

제4부 찻집의 오후

찻집의 오후   88
갯마을 사색   89

별 바라기　90
가지치기　92
강천사 가는 길　94
동심원　95
거실의 한때　96
그리움　97
지난날의 편지　98
첫눈 온 아침　99
고향 길　100
눈 오는 날　101
식은 차를 마시며　102
찔레꽃　103
동백 연가　104
삶의 숲길　105
겨울 산　106

제5부　간이역에서

지금은 물론 영원토록(Now and Forever)　108
간이역에서　110
여울목 돌아서서　111
꽃자리 굳어가고　112
행복나무　113
이브의 그 밤　114

들산재 바람 소리 116
겨울나무 117
정월 118
겨울 그 뒤 119
설악산 120
갈대 121
근황 122
겨울비 123
임이 오시는지 124
세월호 아픔 126
흐린 창 앞에서 128
아직 그리움 130
쏭강을 바라보며 132
완도를 다녀와서 134
가지 않은 길 135
사랑법 136

■ 작품 해설 | 윤삼현   138

제1부
삶의 포구에서

삶의 포구에서
삼월의 단상
말의 해 아침
사유思惟의 강
불면
어느 봄날
용마루길 걸으며
등꽃 향기
노추의 늪

오월의 길목
독수정의 봄
고사리 꺾기
봄 서리
수선화
샛길
은방울꽃
무지개

삶의 포구에서

눈썰미 서늘하게
초록의 흔적을 여미고 있는 잎새들
때를 거스르며 서슬 세운 바람에
집이 없는 이는 따뜻한 이불 방이
눈물 나게 그리워지겠다
창 밖에 나서면 움츠러드는 살갗
뜨락엔 떨고 있는 나목의 그림자
계절은 소리 없이 세월을 잣고
서정의 침묵만
낙엽처럼 쌓여 가는데
그 어디쯤
시간을 삼킨 철새는
낡은 깃털 퍼덕이며
빈 하늘을 날고 있을까

인연의 물결 가르며
헤쳐 왔던 날들이
빗살무늬로 퍼져가는 삶의 포구로
소슬하게 걷고 있다.

삼월의 단상
―명퇴를 생각하며

초저녁 텔레비전에선
혼돈의 화면만 소음을 발한다
형광등 불빛 속에 부나비들이
어지럽게 날고 있다
뇌리에는 눈이 내려 쌓인다
삼월이면 도지는 증후군
체념으로 견디온
씀바귀 시간들이
성성이 일어서는 봄밤에
돌무더기 얹힌 심기를
애써 추스른다.
버겁다
이토록 쳇바퀴 도는 일상으로
부대끼는 세월이 얼마이던가
이제는
봄의 정원을 묶는 생활의 끈을
느슨하게 풀어보고 싶다
가까운 후일쯤에.

말의 해 아침

새벽을 가르며 깨어난 말
푸른 발길질로
하얀 눈밭을 달리자
생각이 한 곳을 향한 사람들
연둣빛 하루가 모여
선홍빛 꽃 한 송이 피우기를 꿈꾼다
말이 싫어하는 사람*이 아닌
빈 화분에
키 작은 동백나무 한 그루 심는
봄날의 호미 소리 널리 퍼지길……

그리고
나붓나붓 내려 쌓이는
가벼운 눈발에
나무의 우람한 어깨 꺾이듯이
초목에 맺힌 상고대보다
오월의 햇살 같은 언어로
누군가의 상처 입은 가슴 언저리에
치유의 새살 돋는

신비의 선율 하나 빚을 수 있기를
깊은 옹이 자국 녹일 수 있기를
바람에 견디는 붉은 열매 품을 수 있기를
유자나무 가지로 아궁이 지피는 새날 아침!

* '말(馬)이 제일 싫어하는 사람'이란 유머가 있다. 말 꼬리 잡는 사람, 말을 이리 저리 돌리는 사람, 말 바꾸는 사람, 말 머리 돌리는 사람!

사유思惟의 강

풀벌레 다독이던 가을비 멎고
소슬한 바람에 갈잎 짙어진 아침
어김없이 돌아오는 삶의 무게를
시지프스의 바위로 받아낸다.

독수정 원림에서 날아오는 새 소리
공허한 운동장을 지나
귓전을 채우는 시간
탯자리 찾아 나선 연어가 되어
물살을 거슬러간다
사유의 강변 따라
수숫대 울타리 부스럭대며 따라오는
안개 속 낯익은 발걸음 소리
가지 않은 길의 프로스트가 되어
은사시나무 아른대는 강가에 서있다.

결코 네 탓도
나의 흠도 될 수 없어
이름마저 희미해진 미망의 멍울들이

부대끼고 닳아 가라앉았다가
포말로 뒤척이는 수면 위로
부표 되어 떠도는
애처로운 인연 하나.

불면

천 근 눈꺼풀은 덮였는데
형체 없는 사념 파닥거려
하루 너머 수백 날 넘나들며
황무지를 헤매다가
굽이치는 살여울에 깨어나 펼쳐든
선잠 밴 시집에선 적막을 깨우는 목소리
새벽 네 시의 금속성으로 파고든다.

우린 가끔
홀로 깨어
동굴 같은 어둠의 바다에 침몰한 채
걷잡을 수 없이 휘둘리고
부피를 가늠할 수 없이
요동치는 심경 나스리시 못해
사차원의 정서로 견디다가
장군바위 폭포수 소리에 놀라
마침내
물의 정령 운디네의
깊은 용소에서 허우적대곤 한다.

어느 봄날

경칩을 앞둔 날 꽃집에 들렀다
함지박에 담긴 프리지어 향기
동굴 같은 음기를 사르고
산천보세 소심
유두 벙긋 열려 안나의 눈빛이다

귀띔 없는 자연에 숨을 섞어
담채화 빚어내던 천리향의 향훈은
가던 발길 멈추고
뒤뜰에 서성이던 아련한 이의 뒷모습
기억 어귀에 배어 맴도는데……

여뀌 풀 허리 펴는 길섶에
개울물 자작거리고
아직은 물소리에 엉겨 붙은 이월
떠나는 것은 언젠가
난 자리 그리워질 몸짓이었노라
물빛 바람 피워 올리는
간지러운 태동!

용마루길 걸으며

추월산 어깨 끼고
담양호 물가로 돌아드는 산책길
녹색 카펫 수면에 물비늘 파닥이고
비스듬한 언덕에 미끄러질 듯 뿌리내려
산과 호수를 이어주는
위태로운 나무들
물빛 어린 연둣빛 잎사귀들이 눈부시다
데크 이어 흙길
그리고 여백의 아우라
보호 난간 중도의 쉼터에서
다리 한 번 쉬고
물 한 모금 마시고
동행과 도란도란 삶을 토닥이니
쉼의 미학이 환희로 안겨온다

휴대폰 꺼져
눈앞에서 출발하는 버스 보면서 놓친
문학기행의 안타까움 떨쳐버리려 애쓴다
전화번호 하나 기억할 수 없었던

난감했던 순간
당혹스러움은
살아가는 동안 잊지 못할 것 같다
문명의 이기를 탓하기에 앞서
무심한 소홀이 빚은 실수였기에……

산책로 왼쪽 길에 자리한 연리지
한 몸 이룬 절절한 교감 전해오는 순간
우울했던 아침 안개 날려 보내고
문득 피닉스 신화를 떠올려 본다.

등꽃 향기

숭얼숭얼 늘어진 떨기
질긴 인연의 끈 타고
연연하게 불 밝힌
보랏빛 수정 등불의 행렬
헤살부리는 바람에
신명난 춤사위 흐드러져
계절병 잠재우려 하늘을 보면
도꼬마리 씨앗처럼 따라 붙는 진한 향기
도홧빛 정념 부풀던 여고 시절
히말라야시더 별 동산 회억에 풋풋해진다
문득 보고픈 숙이, 선이, 희야……
진한 향만큼이나 꽃물 뚝뚝 배어나
방울방울 무늬 진 낡은 나무 의자에
꽃비 되어 쌓이던
알싸한 그리움이었네.

보수의 늪

콘크리트 부수는 굉음이 귀를 찢는다
평온을 조각내는 날선 덫에
시간을 절여온 세월의 포기들이
해묵은 염기를 뿜으며 나뒹군다
굳은살을 도려내기는 아프다
구멍 뚫린 몸통 고무관으로 헤집힌
고로쇠나무도 이런 아픔일까
새살로 거듭나기 위해
소박한 삶에 길들여진
수많은 들꽃을 나락으로 빠뜨리는 것을
알고 있으면서도
덧씌우기를 꿈꾸는 자 누구던가
낮에도 달이 되어 떠있는 자
밤이면 방황의 굴레를 견디는 자
생의 불꽃 다할 때까지
가지 않은 길에 연연하는 자
언젠가는
마무리의 보슙을 달고
너나없이 스러져갈 유한한 존재일진데
진땀나는 보수의 늪을 헤어나지 못하는
신화 같은 전철을 어이하리.

오월의 길목

간들거리는 바람이
땅과 하늘 사이로
아릿한 향기 품고 와서 옷깃 털면
아카시아 꽃잎 따서
코끝에 대어주던 살가운 정례와
해거름 내리도록 주고 받았던
아리랑 동산의 풋풋한 시절
눈가에 차고……

마른 흙에서 얼레지 피우던 사월이
진달래 꽃불 여미며
풀빛 산행 서두르는데,

무게를 잃어가는 감성의 붓 자락과
자작나무 서정의 불씨 어루어
찬란했던 기억의 모서리
무리지어 새겨 보는 오월의 길목.

독수정의 봄

개울 덮은 물안개 흐느적이는
남면 연천 마을에 가면
병풍처럼 펼쳐진
숲 언덕에 독수정이 있다
전신민 병부상서 충절이 살아
대나무 소나무로 정기 뿜는 숲에서
기지개 켠 산수유나무도
떨잠 꽂고 나왔다
스러질 줄 모르는 연모는
잎도 나오기 전
맨살의 꽃이라도 염염히 피우는 걸까.

북방 하늘에 띄우던 충심은
서어나무 울퉁불퉁한 껍질 안에
우직한 나이테로 살아있고
생채기난 충신의 남녘살이가
혼불로 밴 원림에 들어서면
잠잠하던 풀꽃 무리들도
보랏빛 앙증맞은 얼굴을 들고
세상사 함께 어우르자 길손 반긴다.

고사리 꺾기

어의도 학교 뒷산
그녀와 함께 숲 속으로 들어간다
난생 처음 접해 보는 살 꺾기
발부리 얽어매는 풀덤불
만만찮은 일상이다
코브라인양 솜털 보송한 물음표 들고
개똥밭에 서있어도
이승이 낫지 않느냐고
덤불 뚫고 나와
빼쭉 고개 내민 오동통한 자벌레들
지난 가을 난 터 덮친 산불에도
목숨의 애착은 버릴 수 없었노라
키 낮춘 두런거림 뒤로 한 채
앞만 보고 꺾다 보면
길은 사라지고
으스름 우거진 수풀 속에 갇혀있다
삶의 바닥은 이런 걸까

아련한 친구의 목소리
해 저무니 내려가자고!
잠깐,
몇 개만 더 꺾고…….

봄 서리

그는 봄 서리 가자고 했다
구릿빛 네모난 얼굴
세 치에 못 이른 혀는 늘 말을 아꼈다
물 오른 쑥 뿌리도 쇠뜨기 틈에서
들숨이 차올라 보리밭에 너울거린다
발그레 황혼기 서린 수평선 앞에
봉긋한 몸을 부린 각시섬이
한지처럼 물들어가는 해거름녘
맨살 설핏 드러난 칡 등성 오르다
희죽 웃으며 펴 보이는
갓 뜯은 잎사귀
숲 바람에 담겨 오는 상큼한 취 냄새……

어의섬 사월 오후가
긴 허리로 누워 있다가
봄취 향기에 취하여
바다로 달려간다
의미 옅은 하루의 모퉁이에서
부화한 날개가 돋느라
어깨 끝이 스멀거린다.

수선화

해조음 날아와 뜰을 에워싸면
목매인 깃발이 자유를 갈망한다
섬마을 구불한 길은 기지개 접고
성긴 머리카락만 갯바람에
자꾸만 뭍을 향하는 오후
여섯 폭 연미복에
치찻물 프릴스커트 껴입고서
바람난 꽃물결에 휩싸인다
나르시스 심령도 뛰어 다닌다
풍경 소리 흩어져간
어의도의 하늘은
수평선에 내려와 돌아갈 줄 모르고
엊저녁 쏟아진 달빛이
수십 개의 달로 환생하여
심정의 대궁 흔들어댄다
후각이 취하여 돌아서지 못한다
내민 손에 끌려
연못 속으로 빨려 들어간다
꽃무리 속에서 헤어나고자 몸부림친다.

샛길

길을 가다
허리 굽은 노인의 손수레와 만난다
세상살이 내려 놓고 실려가는
땟국 절은 파지와 허물들
비파나무 자라는 소리 들린다
어긋난 이정표에
잘못 오른 고갯마루에서 내려다보니
이미 깊숙이 접어든 샛길
되돌아가기엔 시간의 무게가 아득하다
원하는 길이 아니었을 것이다
현실이 따라 주지 않았을 뿐
꿈의 시절은 왜 없었으리
잘못 찍은 돌림판
인생의 맨홀에 빠진 비애
그래서 우리는 순간의 선택에
늘 망설이는 걸까
타산의 거친 돌도
자기 옥은 갈 수 있음인가
발부리에 걸리는 우울한 언어들에
목울대 아려 온다.

은방울꽃

오월 어느 날 휴게실 창가
은쟁반에 옥구슬 굴리며
정갈한 이마로
천국의 계단 오르고 있다

한동산 깊은 산 속에서
산사의 종으로 숨어 울리다
진주빛 단아한 얼굴 다소곳이 숙인 채
돌실 동산에 찾아든 북극 여인의 화신
스며나는 은은한 향기에 산골 그립다

술라이 소녀의 넋이여!
그대의 연인 목동은
백합화에 붉은 발자국마다 절절한 노래를
어김없이 전해오는구나
물푸레나무 익어가는
계절 틈바구니에서.

무지개

올 듯 말 듯 주저하던 소나기 쏴아!
머리만 두 손으로 가리고
달려가다 보니
신작로 옆 도랑물만
콸콸 따라온다.

축축한 옷 속에서
기어다니는 벌레들
엄마 말씀 안 들으면
자다가도 지도 그리는 법

질척이는 발길로
터벅터벅 돌아오는데
활짝 얼굴 만지는 손길
누구세요?
고개 들고 바라보니
저 멀리 웃고 있는
일곱둥이 무지개

무슨 생각 하고 있니?
빨주노초파남보
꿈을 색칠할거야.

제2부

산다는 건

어머니
도라지꽃
산다는 건 장터에서
바람 부는 날 청소하다가
어떤 여로女路 도시의 오후
초여름 정情
능소화 초록 향기 속에서
그대 있음에 운천 저수지
겨울 산책 고향의 여름
            섬
            가을 소풍

어머니

개망초 더위에 지친 칠월 하순
삼복 열기 받아내며
어머니 모셔 놓고 내려오는 길
선산 어디선가
목쉰 새 울음 발부리에 걸린다.

열일곱에 서당집 맏며느리로 들어와
한평생 포도원 지키시느라
수없이 견디셨을 인고의 날들······
해 가고 달 바뀌어도 삶의 빈자리
내색 한 번 안 하셨어도
문득 서리곤 하던 눈가의 이슬에서
뼛속 그리움이 묻어났지요.

이제는 야윈 두 손 놓아드리니
매듭 없는 비단옷 훌훌 날리며
봉황의 날개로 구름 계단 넘으시어
이승에서 쌓으신 복대로
영생하시옵소서.

평생에 가진 것 다 내어주고
빈 몸으로 먼 길 떠나신
생명의 빛이여!
당신의 분신으로 남아
그리움에 파닥이다
그래도 보고플 땐
하늘에 닿도록
간절히 불러 보겠나이다
어머니,
나의 어머니!

도라지꽃

여름 단비 촉촉이 내리던 날
여인의 연모는
별이 되어
다섯 갈래 종소리로 피어난다

프시케 날개 돋은 달콤한 숨결
황홀한 입맞춤을 잊을 수 없어
끝내 밝히고만 금지된 촛불
그토록 보고픈 사내의 얼굴을 본 순간
불타는 공주의 사랑은
싸늘한 촛농이 되어
잉크 빛 바다 깊이 사무쳐 갔다

인간은 때로 눈먼 듯 귀먹은 듯
삶의 질곡 몇 구비쯤은 비켜가야 했는지……

기다려도 오지 않는 연인
갈망의 눈물 멈출 수 없는

변치 않는 열정이여!
그대는 서쪽 어느 하늘가에서
설움 묻은
애절한 속삭임 전해 오려나

귀를 대면
들려올 듯한 달콤한 목소리
그리워 그리워서 산골에 숨어
산그늘 머문 자리 태양은 지고
보랏빛 꽃 섧게 핀 그 언저리에
소망의 씨알 몇 개 점지해 볼까
섶벌 스친 꽃술 바람에 날려
기다림에 야윈 뿌리
하얀 살 오를 때까지.

산다는 건

무소유의 몸짓으로 물드는 숲
조락의 시간은 멀지 않지만
시월을 밀어내고 몰려 온 추위에
바들바들 떨고 있는
옷이 얇은 나무들
풍성했던 지난날을 되새기며
온몸이 젖어가는 잿빛 현실을
지그시 참아낸다
산다는 건 견딤일까
멈출 수 없는 산 오름일까
때론
가파른 바위 언덕 힘써 오르며
거친 숨을 몰아쉬는 걸 보면

오늘도
산등성이 너머 펼쳐진
정갈한 풍경 속을
휘파람새 소리로 후렴하며 오른다
아직 뜨겁게 홰치는 푸른 신념일랑
품 속 깊이 간직한 채로…….

바람 부는 날

든 자리 모르던 바람이
신들린 듯 나뭇가지 흔들어댄다
꺾이지 않으려는 몸짓은
벽돌담 기어오르는 담쟁이 덩굴이다
초췌한 가랑잎 울부짖는 소리에
폐지처럼 허공에 떠도는
아등바등 함께 한 순간들
오늘처럼 바람 소리 요란하고
휴휴암 풀잎 위의 이슬처럼
무심한 눈길 스쳐 가더라도
투명한 실로 직조한
날개옷 걸쳐 입은
세월의 어귀에서
다부지지 못한 마음 하나
그저 흔들리고 있다.

어떤 여로 女路

구겨진 비닐봉지에 툽니 손으로
엉성하게 껍질 벗긴 고구마 줄기를
남길까 하다가 마저 담는다.
그녀의 생애가 늘 그렇듯
주고 싶은 마음만큼
현실은 놓아주지 않았으니

장맛비 설핏한 틈에 몸을 푼
좌판의 채소 무더기들
어린 깻잎마저 눈을 감았다.

노을빛 물든
어느 소슬한 가을날
우리 영감님 떠났어
자글자글한 눈가에 눈물 맺힌 후
집나간 며느리의 백수 아들
어슬렁 걸어 나와 돕곤 했었지.

남겨진 식솔 무게만큼
땅 닿도록 버거운 허리 위에
찌든 국방색 배낭 들쳐 메고
어귀적어귀적 귀가하는 길에는
삶의 멍에가
긴 그림자로 뒤따르고
베트남에서 왔다는
며느리 가는 팔엔
능금 볼 손녀가
졸음에 겨워 칭얼댄다
참았던 하늘이 끝내 눈물바람 한다.

초여름

개구리 울음 흐무러진
찰랑한 논배미
굴곡진 한 해도 한숨 돌리는데
양수처럼 발효된 저수지에선
산 그림자 내려와 담채화 빚느라
눈꺼풀 풀어지고 있다
잎사귀에 고여 가는 녹색 피
어디선가 풋풋한 인연
여무는 소리 묻어온다.

풀기 선 옷자락 치렁한 나무에선
퍼런 물 냄새 실타래로 쏟아지고
언제부턴가 따뜻 미지근한 삶이
으뜸인 듯 자리 잡은 이 땅에선
그나마 축복의 이름이라고
산바람 풀 향기 입을 모아
사계의 두 번째 악장 운을 띄운다.

능소화

눈부신 햇살은 사치라오
싸리울 넘어지고 토담 낡아도
긴 세월 앙금 서려
돌아서지 못하네
성성한 혼불 켜든 채
다섯 꽃잎 홍문 열고
발소리 살피느라 핏발선 눈
땅거미 지도록
담벼락 뜨지 못하는 가여운 여인아
언제쯤 기다림의 굴레를 내려놓을까
어여쁘다 만지지 말고
섣부른 눈길도 주지 마라
인연 아닌 외간 손길
다가서지 못하느니
체향만큼 끈끈한 보고픔의 응어리
서리서리 덩굴지어 쏟아낸 선혈마저
구중심처 떠돌다 지친
서러운 넋이라오.

그대 있음에

서슬 묻은 햇살이라도
창 가득 드리우면
부스스한 눈매로나마
엷은 미소 번져나게 하는
그대 있음에 따뜻합니다.

이 겨울 우리는
마른 심지를 태우며
하얀 화지 위에
유채꽃 물든 수채화를
얼마나 그려왔던 걸까요
모카향 피어나는 창가에서
하나 된 일상의 공기처럼
그대 생각합니다.

하루하루 삶의 언저리에서
들꽃처럼 낮게 살아가다
문득 인연의 소중함이
가슴 채우는 순간

희끗하게 서리 내린 뒷모습에서
보리수나무 이파리는
성성하게 다가옵니다.

때로는 등이 시려 뒤척일 때
스치는 발부리의 온기에서
해묵혀 사르던
박꽃 같은 정을 그리며
눈 내린 이브의
그 밤처럼 설레 봅니다
그대 있음에.

겨울 산책

수은등 불빛이 애처롭다
마른 신음 토해내는 낙엽들
빈 터에 뒹굴다가 바람에 날려
뜰 모서리에 떠밀려가 바스러지고
생동의 몸짓 멎은 나무 가지에
유랑의 시객으로 찾아온
섣달 보름달마저 함께 떨고 있다

이별은 소리 없이 아픈 것
계절의 끝자락에 남은 자는
외로움 홀로 견뎌야 하느니
눈서리 틈에서도
달빛의 성을 쌓고
세상을 향해
호연지기로 웃을 줄 아는
나무의 군상
청청한 숨소리 받아내며
호젓하게 걷는다

하루의 비망록 떠올리며
생각하고
비우고
채우고
얼얼한 손끝에 열꽃 돋을 때까지
하염없이 생각에 젖는다

가다보면 늘 시작점인 나날이지만
알토란 커가는 성숙의 희열 기다리며
어둠을 가르고 숲의 숨결 좇아
산책길에 나서곤 한다.

장터에서

어미 소 떨어지지 않으려고
모둠발로 질질 끌려가는 송아지
핏발 맺힌 몸부림이 차마 떠나지 못하고
왁자지껄한 소음에 얹혀 떠도는 장터엔
설움 안은 인연의 굴레들이
버섯처럼 옹기종기 모여 앉아
늦가을 해바라기로 피어난다.

먼저 간 지아비 잊지 못해
빛바랜 사진틀 걸어놓고
파전 부쳐 팔다 고달프면
'지금은 혼자랍니다' 노래로 보고픔 달랜다는
시골 아낙네의 구릿빛 망부 노랫가락은
산취 이파리로 섧게 파고드는데
초라한 흔적들이 발목 붙잡아도
누룩 닮은 얼굴 마주한 채
한을 빚은 막걸리 한 사발로
남은 생을 달래는
지상의 들풀들이여!

햇발 설핏한 시골 장터엔
끈적이는 애환들이 잿빛으로 저물어간다.

청소하다가

다용도실 청소하다
눈에 띈 마늘 망
주둥이 질끈 묶인 채
속살은 말라 시커멓게 보타지고
희멀건 거죽만 남아 흙먼지로 날린다
지난여름 보내오신 어머니의 분신
죄스러운 마음에 가슴이 먹먹하다

발부리 시린 눈밭에서
여린 살집 녹여내며
탐진 뿌리로 암팡지게 여물 때까지
땀방울 쏟으며 발품 닳아
맵싸한 알곡 꼭꼭 채워 보내셨는데……

일상에 매인 자식 탓하기는커녕
혼신의 기원으로 살과 피 사르며
휘어진 등뼈 속에서 심장마저 보타버린
갈참나무 껍데기 진 가시고기 일생이여!

도시의 오후

우린 때로
빈 들판에 한 마리 새로 날다
잡초 돋아난 폐교 운동장
우람한 나무 그늘 찾곤 한다
단벌옷으로 운명을 견디면서
뙤약볕에 정수리 담금질하는
히말라야시더 곁에 다가가
이파리 땀땀이 지난 회억도 되새기면서.

우린 때로
애틋한 발길 생각나 찾아간
지산 유원지의 등나무 둥지
지금은 터널 져 음습하지만
마주앉은 얼굴에 아른대며
흔들리던 생의 깊이도 더듬어
눈 밝히는 도시의 오후에 서 있곤 한다.

이렇듯
찾아드는 순 터 회귀의 정서도
삶의 어느 순간에 이는
원초의 돌개바람이던가.

정情

그는 외롭지 않다고 했다
섬을 떠나간 사랑을 잊었다고 했다
그저 남겨진 홀씨 날리지 못해
계절을 숨 쉬며 꽃 무릇 키우겠다고 했다.

그러다가
비라도 오는 날이면 가슴이 아리다고 했다
그 날의 바람은 어이 그리 세찼는지
알지게 커가던 파란 사과는
익지도 못한 채
진흙 밭에 뒹굴고 말았으니
지붕까지 송두리째 뒤흔들던
폭풍 소리가 몸서리친다고 했다.
신열에 뜬 밤이면 헛소리로 지새기도 했단다

그러던 어느 날
파도 소리 구슬프던 날
그는 파선처럼 지친 몸을 끌고
뭍을 향해
사월의 물고기가 되어 달려가고 있었다.

초록 향기 속에서

발소리도 없이 다가온
계절의 배냇향 대지에 일렁이면
여흥에 겨운 벌 무리
꽃물에 빠져 뒷발질하는 분교 뜰
여정의 무게 내려놓고
날 것들의 향연에 스며든다
후박 향기!
그 이름이 아니어도 탓할 건 없다
그저 좋다는 느낌만으로
삽상한 살맛이 솟지 않은가!
접어둔 원색의 정념이 파닥인다
볼 살 오른 초롱꽃 떨기마다로
불현듯 떠오르는 지난날의 살 떨림
작은 듯 소박한 인연의 고리가
꽃그늘 아래 비스듬히 기대어
현의 선율 달구어 놓고
속살 아른아른 옷깃 나부낀다
온몸이 스트라우스의 도나우강에 잠겨
유월의 풀빛으로 물들어간다.

운천 저수지

벚꽃 비 흩날려
수련 잎 에둘러 구슬방석 되었다
차가운 물 위에
용수 소년 넋이 되어 떠도는 것은
견딜 수 없는 고독이라고
잔인한 사월의 재물은 아니라고
흩어져 달아나던 꽃잎
꽃샘바람에 힘껏 달려 왔지만
떨어진 곳은 가까운 발치

비상을 꿈꾸는 물보라 타고
음악 분수에선 멍에가 흐르고
현실감 물씬거리는 곡조에
물에 잠긴 돌부처 예불 소리
문득 살아나는데

나무다리 교차점에 서서
하얀 이 드러내고 맘껏 웃는
흐드러진 벚꽃 바라보면
낙원은 먼 산이 아니라는
경전 속 하늘 길이 절로 읊어진다.

고향의 여름

상수리나무 늘어진 하품에
채송화 키득거리는 마당가
대나무 평상에 활개 펴고 누우면
남산뫼 솔바람 수숫대 울타리 넘어와
공작털 부채로 사알살 부쳐주어
주문인양 스르르 빠져드는 쪽잠
마실 다녀 온 횐둥이마저
헉헉대다 눈꺼풀 내리 깔면
감꽃처럼 쏟아지는 매미들의 합창

베적삼 어머니는
여린 호박잎 껍질 벗겨
무쇠 가마솥 바닥에 깔고
흐늘흐늘한 밀반죽을 하르르 쏟아
부지깽이 토닥토닥 불 지피며
이마에 송골송골 땀 밸 무렵
굴뚝 타고 피어 오른 매운 연기는
은빛 머리 날리며 더위 탈출 하는데
어느새 코에 스미는
군침 도는 술빵 냄새.

섬

생애 곳곳에서 만나는 이름
낯익은 골목길 돌아서다
부딪치는 벽 같은 외로움

지금은 봄이 오는 길목
가로수 잎눈에선 물오르는 소리

멈출 수 없는 항해에
방향 가늠할 닻을 달고
물비늘 반짝이는 한려바다 위를
해 설핏 노을 질 때까지
쉴 틈 없는 출렁임에
어깨 무디어 오지만

후미진 잔설처럼
가슴 한 켠에 발길 붙드는
해묵은 상념 하나 떠 있다.

가을 소풍

갈색 처마 지붕 아래 알밤 삼형제
살 오른 정수리 무거워
삐쭉 머리 내밀었다가
장난기 도진 바람이 숨을 불어대니
쓰고 있던 가시모자 훌렁 벗겨져
맨몸이 툭, 떨어지는 소리.

청순 아씨 구절초도 소슬 기운에
흰 운동화 새치름하게 꺼내 신고
바깥구경 나왔다가
억새 할머니 흔들리는 쳇머리 곁에서
위로의 눈빛을 보내고 있네요.

시월 중순 우리는
먹을 것 배낭에 불룩 채워
기다랗게 줄 지어 짝꿍 손잡고
오색 단풍 손짓하는 뒷산을 향해
룰루랄라 재잘대며 소풍 갑니다
메뚜기 따라 오는 들길을 지나서.

제3부
가을 속으로

벗에게
가을 서곡
대숲 바람 소리 　마로니에 피어나던 날
어의도 　　　코스모스
사과 익을 때 　붉은 새의 물레질
가을 서정 　　글밭은 어디쯤
단풍 물든 날 　속초 바다·I
어쩌면 　　　속초 바다·II
청심 　　　　시 쓰는 날
산에 오르며 　국화차 마시는 밤
가을 창가에서 메밀꽃 추억
　　　　　　가끔은

벗에게

그리운 벗!
찌르 찌르 찌르륵
풀벌레 소리 귓가를 채우는 시간
키 큰 삼나무 어슬렁거리며
홀로 걷는 곁에 따라 온다
삽상한 밤공기에
꿈틀대는 생활의 뿌리
이맘때면 마주하는 얼굴이지만
열꽃 퍼졌던 여름의 후유로 반갑다
아등바등 할지라도
세상은 살아 볼만한 것이라는 이유
산다는 건
현실의 구름 거품 거두며
형체 없는 꿈을 사르다가
한 잎 낙엽처럼
기약 없이 스러져 가는지도 모른다

계절의 디딤돌 위에
내려앉은 시간들이

싹을 틔우고 열매 맺어 떨어지면
희끗한 머리카락만 성성하리라
이렇듯
세월은 뒤안길로 소리 없이 흐르나니
친구야!
우리 반달 손톱에
봉숭아물이라도 붉게 들여 보자
살다보면 꽃물 추억 여울져 오리니.

가을 서곡

눅눅한 풍경 한 겹 걷어내면
은밀히 보내오는 서늘한 유혹
나지막한 바람
담채화 구도 잡는 연갈색 뜰에
덧칠하는 구월의 햇발
시접 닳은 인견 블라우스
소일로 후줄근해진 옷깃 털며
창가에 서면
지나 온 여정의 모퉁이에 남겨진
달맞이꽃 이운 자국

팔월의 발꿈치에 묻은
끈끈한 흔적들 지워 내려
물부늬 그리며 흐르는 계곡물에
겉잎 진 곁줄기 솎아 보내고
탐진 열매를 자리매김 한다
샐비어 붉은 꿈도 날갯짓하며…….

대숲 바람 소리

겉살 오를수록 속살 비어가도
조신한 청잎결 곧추세우고
이슬에 씻은 손길로 기도하는 정인
속마음 맺어둔 채 흐르는 삶이던가
심장 마디마다 날개옷 여며 두고
사락사락 댓돌 아래 살며시 내려와
숨소리도 정갈하게
달을 읊는 시혼이여
끊일 듯 이어지는 뒤척임의 피리 소리
한데 어우러져 고즈넉한 가을 밤

베어져 조각나도 섬긴 마음 성성하여
별빛 우러러 푸르르만 가노니
어찌 빈자리 품은 인연이라고
스치는 메아리로 흩어 보내리
귓가에 여운지는 대숲의 바람 소리.

어의도

물보라 일으키며
작은 도선은 물길 가른다
한 주가 시작되는 바닷길엔
하얀 물비늘 너울대고
들물이 갯가와 만나는 경계선에선
물살 즐기던 갈매기가
아침거리 생각난 듯
자맥질하며 따라온다.

성난 듯 밀려나는 물결 위로
아침 햇살 새록새록 부서지고
그 신선한 빛깔마냥
갯내음 물씬대는 섬 생활이 열린다
확장공사 갓 끝난 선착장엔
갯마을의 이력이 깊이를 더했다
오랜만에 느리섬 이름값을 했음인가.

하선하고 지나는 개펄 구멍에선
칙칙한 농게 무리

하릴없이 부산떨며 달아나고
밧줄에 매인 고깃배들은
휴식에 젖어 바람 따라 흔들리고 있다
김이 맛있다는 어의도

가끔은 갓 잡은 활어 들고 와
향수에 젖은 이들을 위로해 주는
마을 주민의 후덕한 인정이 살아 숨쉬는
어의섬의 하루가
선착장 이름을 베고 누워 있다가
천진한 아이들의 눈빛으로 마중 나온다.

사과 익을 때

벌 나비 침샘 녹아드는
선홍빛 사과 한 입 베어 물고
목이 메는 여심
황혼의 바다에 잠겨
날로 사위어 가는 노모의 봄날이
오버랩 되는 눈가에
그리도 맛나게 가을을 삼키며
행복해 하시던 유년의 모습이 떠오른다
어느 때고 시리게 눈에 밟히는 얼굴

서둘러 밑반찬 챙겨들고
알진 사과 바구니에 주섬주섬 담아
어둠이 내린 시가지를 한숨에 달려
아이처럼 웃는 모습 떠올리며
노곤함도 잊은 채 달려가던 곁가지 하나
어머니,
시월상달 이맘때면
양볼 상큼한 홍옥 입맛에 이렇듯
당신의 분신 한 자락이 숨어
가슴 아리게 저며 옵니다.

가을 서정

길을 가다 맞닥뜨린 해후
눈 감아도 선한 낯익은 거리에서
불현듯 이국인양 젖어드는 상념
발부리에 내려앉는 계절은
성큼 깊어진 가을의 그루터기
노란 우산 펴든 은행잎 앞장서서
흩날리는 사유의 갈피 갈무리 하는데
남루한 보도 불럭 성긴 틈새엔
믿음을 불사르다 기진한 붉나무잎
입맛 잃고 뒹군다.

모두가 떠나기 위해
아픔을 견디는 시간
아직은 태울 수 있는 쏘시개가
남아있음은 행복일까
후미진 잔설처럼 가슴 한 켠에
얼얼하게 채우는 생의 씨앗 하나
옷섶 깊은 곳에 홀로 성성하다.

단풍 물든 날

잠 못 드는 귀뚜라미 소리
적막을 깨우며 창 밖에 떠돌면
스산한 여백에 가을 달
별빛 타고 살며시 들어와
읽다가 펼쳐 놓은
동화책 행간 갈피에
알록달록 풍경화 그려놓고
소리 없이 갈길 떠난 지난 밤

이슬 내린 들길에 꽃등 밝힌
코스모스 해맑은 낯빛 뒤에
숨어 쉬고 있던
막새 바람 부채 들고 나와
파란 눈 단풍나무 불꽃 살라 놓으니
꽃구경에 신이 나 손뼉 치는 사람들

팽그르르 날아온 갈잎 하나
손바닥에 곱게 펴서 들여다보면
솔솔 피어나는 가을 이야기
마음은 어느새 이솝 나라로 둥둥.

어쩌면

삶이란
마음 한 켠에
누군가를 그리며
계절 없이 이는 바람 따라
흔들리다가

뜨락의 가을 나무처럼
이름 모를 그리움으로 물들어
붉은 잎
하나,
둘,
떨치며
가슴 비우는 일인지도…….

청심

여덟 달 된 손녀 화연이
퇴근하여 돌아오면
두 팔을 나비처럼 펴들고 달려온다
머루 같은 눈망울 빛내며
입 꼬리 올리며
목련꽃빛 얼굴 가득 까르르 웃으면
온 세상은 기쁨으로 가득

그런 아이가
조용해지면 클린감사다
거실 바닥에서
잘 보이지도 않는
티끌 하나 주워들고
고 작은 검지에 올려놓고
요리조리 살펴보는
진지한 눈빛의 청심

그걸 빼앗으면
어느새 또 다른 티끌 찾아

오동통한 기저귀 엉덩이 쳐들고
거실 이리저리 기어 다닌다
클린감사에 걸리지 않으려고
틈만 나면 걸레 들고 나댄다

제 눈의 대들보도 보지 못하는
어른들의 몸부림이다.

산에 오르며

아직은
붉은 꽃잎 성성한 자국에
한지처럼 젖어드는 노을빛 조각
사르르 외투 깃에 나비로 다가와
안개 젖은 외로움
꽃가루로 뿌려 두고
저 홀로 바람 따라 멀어져 가면
쉼표로 접은 날개
남은 햇살에 말리며
비발디의 사계가 흐르는
거리에 나선다

산다는 건
멈출 수 없는 산 오름
때론
가파른 바위 등 기어오르며
거친 숨을 몰아쉬지만
등성이 넘어서면 안겨 오는
땀 배인 숲의 정원

허전한 가슴엔
어느새 꽃물결 일고,

저만치에서
잉걸불로 타오르는
다랑이만한 여정
보루인양 간직한 채로
맺지 못한 인연일랑
계곡물에 띄우고
마른 잎 뒹구는
돌계단 모서리로
하나,
둘,
매듭 풀리는 소리
함께 오른다.

가을 창가에서

창을 여는 순간
펼쳐지는 수채화
탈바꿈 받아내는 성숙의 몸부림이
몇 날 밤이나 잠들지 못하고
찬 이슬에 뒤척였을까
황홀한 낙조를 가슴에 품고
세월을 건디는 건
온몸이 붉고 노랗게
물들어야 이를 수 있는 꿈인지……

깊은 생각이 피어오르는 오솔길에서
갈무리 못한 상흔이 마음에 걸려
눈이 퀭한 잎사귀들이
남은 숨을 다져 매달린 가로수엔
허공에 춤추는 짧은 환상과
포도 위를 앙상하게 구를
긴 외로움이 교차하고
그렇게
가을은 혼자서 깊어간다.

마로니에 피어나던 날

일곱 이파리 추스르며 나볏한 칠엽수
항상 춥다는 상실을 이해하고
밤 마실 다녀오는 모정을 위해
어둔 밤 틈타서 징검다리 놓아
버선 신발 벗지 않게 해드렸다는
오랜 전설에 명치 절절하다
비록 욕정의 외로움 어찌지 못하고
홀아비 방을 찾아
칠흑의 개울을 건너던
과수댁의 빗나간 연심을 나무라지 않고
안개꽃 되어
어머니의 삶을 감싸던 일곱 아들
효도 젖줄로 심금 울린 이야기에
피폐해 가는 노모를 위해
오늘
내가 할 수 있는 일을 생각한다
초여름 하늘 아래 마로니에는 피어
이방인의 혈관을 파고들며
구원의 종소리 울리고 있다.

코스모스

승촌보에 갔다
하늘엔 뭉게구름 만국기
휘파람 부는 들뜬 햇살

운동회가 열렸다
두 팀으로 나누어 서서
가녀린 고개 숙여 인사하는 친구들

엄마 닮아 얼굴 하얀 순이
수줍어서 뺨 붉힌 홍이
울렁증으로 살 내린 자이
오늘은 모두 일어서서
두 손 마주치며 짝짝짝
하늘하늘 흥이 넘친다.

강아지 한 마리 종종종 오다가
갑자기 다리 들고 특별 공연 한다
몸통까지 흔들며 웃어대는 이빨들……

운동회는 끝이 없는데
옷깃에 날아와 붙는 오색나비 떼
자꾸만 뒤돌아보다가
고추잠자리와 이마 부딪혔다
또 와르르 쏟아지는 함성

코스모스 운동회는
가을 다가도록 이어지겠지.

붉은 새의 물레질

마른 잎 사이로
새어드는 한 줌 햇살도
살갑게 받아
그윽한 속살 빚어놓고서
해거름에 불타는 홍시 따라
물살 지는 소리 잃은 갈채들
생명을 지니고 태어나 둥지를 틀다가
북풍 한골로 떠나는 마음은
늘 아파서
창문 밖 서성대는 소슬바람 몰고 와
갈잎 냄새 짙게 밴 산비탈 언덕에
해묵은 비상을 펼치는 붉은 새는
눈 시린 하늘가에
채 여미지 못한 그리움
한 오라기 풀어내어

허리 찬 밤 홀로 물레질하는
아, 직녀의 계절이여!

글밭은 어디쯤

어둠 헤치고 누볐다
산여울
청보리밭
노을 빠져 들끓는 바다
천기가 뒤섞인 하늘
산발한 과거 속에서 헤맸다
글밭의 요람은 어디쯤인지
돋보기 너머로 난무하는 형이상들
어느 것 하나 마무리된 건 없다
촉루 흘러내려 얼음성 두꺼워졌을 뿐

하루를 걸머진 표정 없는 초침만
현재 완료의 반환점 돌아 여명을 부르고
무수한 날 중에서 눈이 맑은
오늘이 품을 열었다.

시 쓰는 날

정적을 깨는 날카로운 기계음이
생떼 같은 나무 팔목 위를
야생의 발짓으로 거칠게 지나가면
푸른 피 번져나는 생살 냄새
풍상의 세월 견디며
제몫으로 자리 잡은 온전한 개체를
한 사람의 생각으로 잘라낸다는 것은
아픈 만큼
가슴의 선혈 맺힌 만큼
누군가의 생애에 깊은 상처를 내는 일이다
참아내느라 옹이진 생채기마저도
지워지지 않는 화석으로 빚어
겉섶 여미지 않은 가슴마다에
간직되고 싶은 그런 날.

속초 바다 · I

만남 따라 마주한
속초의 바다는
서슬 푸른 남정네였다

양기 드센 눈빛으로
일낼 듯 고함치며 달려오더니
맨살 드러낸 여인도 스쳐갈 뿐
시끄러운 세상만 한 번 호통친 후
섬을 향해 숨찬 발길 돌린다
거친 숨 내려놓을 둥지 하나 갖지 못하고
종착역 잃은 역마살을 어이할까

언제 찾아와도
언어를 삼킨 침묵
베르테르의 슬픈 눈빛을 하고
운명의 집시 춤을 멈추지 못하는
그대가 가여워
머리카락 날리는 바람 속에서
갈매기 날개에 연민만 실어 보내느니

이제는 마음 어귀 채우기 위해
흔들리는 바다를 떠나야 한다.

속초 바다 · Ⅱ

산책길에 해후한 눈이 파란 생물
하늘과 땅을 부여잡고
헐거운 영혼 사로잡는
살풀이춤에 휩쓸려
하루가 기진하고
섣달 끝자락이 접혀 간다.

기럭,
끼―럭
이름을 망각한 갈매기 떼
새우깡 찾아 인파 속으로 파고들고
밤낮을 잃은 해조음
공허하게 울어대는데
떠돌던 갯냄새 폐부를 채우면
해묵은 고질병 끝내 도진다
솟구치는 방황……

늘 한 곳만 바라보면서도
마음은 파도였을까

유년의 홍역처럼
지워지지 않는
어스름 부표 떠오른다
가슴 녹아 투명해질 때까지
수평선 노을 아스라해질 때까지
고여 오는 그리움 삼키며
종이배 하나 띄워 보낸다.

국화차 마시는 밤

계절의 징검다리 밟고 온 바람결에
귀밑머리 여민 정갈한 매무새로
하늘 기운 듬뿍 보듬어서
주름진 이마에도 심지만은 오롯해
말간 유리 찻잔에
풀어 내리는 속 찬 향내들이
겉살 들치고 실핏줄로 우러나
틈새 진 몸뚱이 허허로움 채워 주고
잠 못 드는 문틈에 스며들어
홀로 선 등불마저 촉을 지운다
둥지 튼 길목에선
별무리 쏟아지고
꽃잎에 버물린 시간들 되살아나
갈잎 물새로 아른거리다
달빛 서린 그림자에
꿈결로 젖어든다.

메밀꽃 추억

사경을 헤매던 그 밤에도
황홀하게 걷겠다고
안간힘 썼던 옛일이지만
나귀 방울소리 흘린 자국마다
하얀 소금꽃 피어났었지
숨소리 커지던 해후의 떨림은
오종종한 송이에 별로 내려와
달밤 꽃무더기로 흐드러지고
온밤 흐느적이던 핏줄의 덩굴손
봉평 들판 아우르던
애처로운 동행이
가을밤 풀벌레 소리로
시간을 갉을 즈음
생각의 늪 저편에서
스멀스멀 되살아나는 인연의 굴레는
시골 처마에
새비집으로 매달린 정물화 한 점!

가끔은

살다 보면 가끔은
이카로스의 날개가 된다
나뭇잎 물드는 거리의 길목에서
나잇살 당겨주는 청량감이
옷깃을 부풀리고
태양을 향한 설렘으로
깃털을 세우는 순간
최면술처럼 잠겨드는
삶의 모래톱
잊은 듯 가꾸어온 선인장 가시 뚫고
꽃 벼슬 돋아나던 날의 환희 곁들여
미궁을 빠져나와 시간의 벽을 깨고
미로를 딛고 날아오르는
아버지와 아들의 짠한 신화마저
와인 같은 느긋함으로 전해 오는
어슴푸레한 하루의 맥박소리 듣는다.

제4부
—
찻집의 오후

찻집의 오후	
갯마을 사색	
별 바라기	첫눈 온 아침
가지치기	고향 길
강천사 가는 길	눈 오는 날
동심원	식은 차를 마시며
거실의 한때	찔레꽃
그리움	동백 연가
지난날의 편지	삶의 숲길
	겨울 산

찻집의 오후

유난히 매섭던 겨울의 중턱
삼한사온 밑둥치도
눈바람에 뿌리 뽑힌 날들
늘 함께하여 아팠던
정한情恨의 조각일랑
실눈 뜬 강여울에 띄워 보내고
짐승처럼 파고드는 냉기 달래고자
바닷가 찻집 겨울 나그네를 향하면
늘 잊은 듯 사느라
침묵의 그림자 되어버린 그대와
하늘 길 놓친 낮달 친구 삼아
공허한 가슴 채우고 싶어 찾아든
이 오붓한 공간,
운명 속에서 유성 되어 헤매 돌다
이제는 업보처럼 돌아와
사슴의 눈빛을 하고
세월을 우려내고 만남을 곱게 저어
혀의 돌기 가득 간직하고픈
겨울날 오후.

갯마을 사색

뭍에 길들여진 눈썰미가
바다의 불빛을 보았다
영혼이 순수하고 따뜻해지는 시간
멀리서 깜박이는 집어등 불빛 바라보며
삶의 비밀 하나를 꺼내 본다
꿈의 궁전에 도달하기 위해
안개 속을 거쳐야 하는 날들
그러나 돌아볼 그리움의 시간이 있다는 건
얼마나 살아볼 만한 여유인가.
연륜을 쌓으며 먼 길도
느림의 미학으로 갈 수 있는 이는
행복하다고 했던가
불협화음 난무하는 현세에서
인연의 고리를 곱게 풀어가며
여정을 아끼는 여행자인양
성지를 향한 생의 순례자가 된다
길은 길에 연하여
이어지는 섭리를 생각하며
갯마을 작은 길,
긴 그림자 함께 저문다.

별 바라기

찬바람 두르고
어둠 속을 걷는다
목을 채우는 갈망
미완의 언어들이
시간의 뜰에 흩어지고 있다
아득히 흐르는 미리내
정월 하순 차디찬 허공에서
긴 세월 무게 견디는
기다림의 화신이 눈물겹다

영혼을 이불에 부려 놓은 채
어둠의 숲을 헤매고 있을 그대 곁을
밝혀주는 한 점의 별이 되어본다

가끔은
칠성의 보석 자국 흔들어
메마른 황야로 떠난 소녀의
한 종지 샘물로 달려가고픈 적이 있었다
작은 기쁨도 큰 소통이라 믿었기에

겨울 그 뒤

겨울나무로 서있는 지금
움트려는 나목의 잎 자리에
지울 수 없는 이름 하나 새겨
허름한 간이역에서
스치는 인연처럼
파르스름한 두 손에 전해주고픈
먼 기억 속 그대를 생각하며
별 바라기가 된다.

가지치기

현실을 거부하는 소리가 요란하다
그건 순전히 타인의 뜻이다
살다보면 자신의 의지와는
동떨어진 일들이 얼마나 많은가
나무의 뜰
더듬이 깎인 채
날개 잘린 채
말을 잃은 채
몸통 하나로
피 흘림을 감내하는 너
몸부림치며 잘려 나간 푸른 가지들
누군가 살을 도리는
가위질을 해댈 때도
그저 눈물만이 서글픈 무기였다
주저앉아 통곡도 할 수 없는 이 땅
너른 허공을 향해
조심스레 나래 펼쳐 보려다
또 다시 꺾이고 마는 전철 같은 좌절
정녕 뜻을 이루며 산다는 것은

사막의 꽃처럼
피워내기 어려움인가
아픈 진물 흐르면서도
묵묵히 고통을 견디는
의연함이 눈물겹다
헛살이라 위로하는 상처 위로
새살이라도 돋아나려는가
자꾸만 가려운 재생의 기적에
강한 심지를 위한 부추김을
약비로 뿌려 주고 돌아온다.

강천사 가는 길

사바세계를
맨발로 걸으며 법열에 든다
살 여린 모랫길 위에
뒤채는 지난날들의 유빙
지그시 눌러 밟는다
어쩌다 발바닥 들치는
작은 돌멩이 하나도
바늘인 듯 삶의 고행을 일깨워 준다
물굽이에 길들여진 귀를 헹구고
죄를 씻어준다는 병풍폭포 물보라에
번뇌를 사르며
참회의 기도를 되뇌며
누군가의 고요한 호수에
돌 던진 일은 없는지
인화해 보는 시간
무소유의 불경 소리 퍼져나는 법당 향해
오욕의 폐부 솔바람으로 채우고자
잔결 치는 아기 단풍 터널
자작나무 매무새로 오르고 있다.

동심원

살다보면 외로움도 길드는 걸까
몇 가닥의 바람과 나뭇잎의 흔들림
회색 자락으로 내려앉은 하늘
쉿소리 날리는 깃발
간간히 들척거리는 해조음에
잠들지 못하는 노송
가냘픈 고개로 달빛 토하는 수선화
터질 듯 꽃술 머금은 홍매화
모두가 동심원으로 어우러져
어의섬을 채울 때
그리운 이의 작은 안부조차
파도로 일렁이는 순간
뭔가 잃어버린 호주머니 속처럼
썰물 되어 비어가는 일상의 공간
허전함에 사르는 묵도
섬의 뜨락에 머문 삶은 더 사무치나 보다
바람 소리 때문일지도……
오늘도 여느 날처럼
물에 잠긴 수평선 바라보며
낯익은 목소리 그대를 생각하는
연민의 하루!

거실의 한때

시를 읽는 시간
서재의 침묵을 깨고
문 사이로 들려오는 음성
엄마에게 뽀뽀
아빠에게 뽀뽀
봄바람처럼 감겨드는 딸의 목소리
돌을 앞둔 손녀에게
그림책을 보며 생활의 말을 들려준다
그래,
하늘빛 닮으려는
뿌리의 간절함이다
햇살의 따뜻함을
나무의 견딤을
꽃의 향기로움을
대지 위의 풀꽃 같은 언어들을 숨쉬며
어버이의 샘물 같은 정성을 마시며……
알곡으로 여물고 무르익어
탐진 열매 튼실한 씨앗 되어야지.

그리움

채널을 고르다
훌리오 이글레시아스의 나탈리를 만난다
휴화산을 깨우는 팻분 목소리도 함께 떠올라
처진 옷깃을 세우고 상상의 숲으로 간다
차창 너머론
늦가을 바람이
꽈리 줄기 꺾어다 서산마루에 걸었는데

어름 열매 건네주던 손길
물오른 실루엣이 아른거리고……

비단 여울로 감겨 오는
송홧가루 날리던 그 산길
가슴골 적시며
붉게 물들어 간다.

지난날의 편지

구월 잔 더위가
불청객으로 몰려와
등줄기에 벌레 되어 흘러내린다.
번데기 몸짓에도 솟아나는 땀방울
멀어진 젊음의 뒷모습에
설움이 울컥 밀려든다
인생이란 반환점 없는 고갯길에서
나뒹굴어 구르거나
발길 돌려 되돌아올 수 있다는
두 갈래 길의 얼굴이 교차한다
수술하고 회복하는 동안
보푸라기 진 가슴 달래느라
반짇고리 여닫으며
상처 꿰맨 몇 날이었다

온정을 물고 온 비둘기 날아들어
위로의 행간이 잔영으로 흔들리고
은빛 꽃잎 파르르 내려앉는
지난날의 편지.

첫눈 온 아침

무수히 뒤척이며 여며 왔는데
제풀에 산화해버린 생각의 허물들
안개 설핏한 강가에 밤 새워 내려앉아
오늘 아침,
순백의 반란 펼쳐 놓았다.

며칠째
바리데기로 굴러다니는 타르 덩어리들
생계마저 송두리째 앗아간 바다엔
도토리 키 재기 우화들만 부표 되어 흔들리고
누가 누구를 탓할 수 있으랴······
모질지 못한 해조음만이
차마 바람 따라 떠나지 못하고
엎치락뒤치락 잠 못 이루더니
끝내 핏기 마르고 멍울 맺혀
올 한절 초경을 질펀하게 쏟아냈느니

회한과 연민들 오들거리다
하르르 사박사박 쏟아내고 만
마지막 계절의 첫정 튼 나들이에
얼어붙은 마을에 백합꽃 피어났다.

고향 길

고향 땅 밟으면 떠오르는 얼굴
외가에 남겨진 유년시절
마을 앞 냇가 그가 걷던 둑길에
찔레 향기 흐드러지고
보리 물결 초록으로 짙어갈 때면
우르르 피어나던 망초 무더기들
아버지는 전쟁 통에 간 곳 모르고
머나먼 타향으로 어머니 떠났는데
외가에 남겨진 그가 울적할 때마다
서럽게 흩어지던 보리피리 소리
삐비풀 널린 달끄네 제방 따라
콩밭 매던 외숙모가 부르는 소리
아슴히 건너올 때까지
찔레꽃 숨어 핀 둑길 걷던
병에 지쳐 먼 길 떠난 가여운 넋
지금은
어느 하늘 푸른 별 되었을까?
고향의 아린 슬픔 하나
코끝이 맵다.

눈 오는 날

오라는 전갈 없어도
꾸밈없는 매무새로 겸허하게 오신다
세속에서 허덕이는
누추한 뜨락에도
버선발로 내려와 안기는 이여
넘침도 모자람도 탓하지 않고
천상의 소식 전해주는 그대가 있어
마른 가지에 눈꽃이 피어나고
부석대는 가슴에 새움이 돋나니
그대의 은빛 연주 들으며
고루한 외투 벗어두고
매화 향기 묻어나는 시를 쓰리라
해거름 없이 보내오는
순백의 꽃다발
창밖에 걸어둔 채로
펼쳐 놓은 목화솜 이불 한 채 걷이다가
아랫목에 녀두고 두 발 딥이며.

식은 차를 마시며

달달한 차 한 모금
목을 타고 벽을 녹인다
한 생애 에둘러
입천장 데도록 뜨거울 때가 있었다
일상의 숨을 불어
뜨거움 식힌 순간들이
돌탑이 되어 다가선다
가끔은 지워버리고 싶었던 조우
타산의 돌로 스친 이름들
장미보다 더한 향기 전해주던
풀꽃 웃음 잔영들

지난 일들은 모서리 닳은 조약돌일까
구르며 씻기며 세월을 견디다가
아무 일 없었듯이 이마를 맞대고
몽돌해안에 나란히 누워
낮은 소리로 도란거리느니……
잦아든 마음자락 꽃불을 지피며
한 잔의 식은 차를 마신다.

찔레꽃

전설 숨 쉬는 가시나무엔
소녀의 넋이 서려 있다
인연의 끈은
우연으로 흘릴 수 없음인가
이루지 못한 만남의 한恨이
아릿한 향기로 산화하여
산모퉁이 돌아 풀덤불 가에 맴돌고
세월을 묵힌 눈물은
잦아들어 붉게 열매질 것인데……

먼 기억 너머,
찔레 순 먹으며 큰엄마네 살던
야윈 눈빛 숙이의
서러운 유년이 되살아나고

이슬 젖은 꽃잎 위에선
갈길 머문 바람이
하얀 그리움만 흩날리고 있다.

동백 연가

갯내음이 밀려든다
제법 익숙해진 호흡이다
남쪽 바다에서 마주한
연초록 계절의 눈빛들이
소나무 우거진 동네 어귀에서
날개 털고 우르르 일어서
꽃등 내다 걸고
선홍빛 볼 내밀어 속살거린다

겨우내 품었던 섬 처녀 순정이
봇물 되어 터지고 말았는가
몸뚱이 채 지고 말 생애일망정
남김없이 태우고픈 격정의 물결

연둣빛 계절은 땅과 하늘에 찼건만
둥지 떠난 외로움에
저무는 부두에서 흥얼거려 보는
후박 향기 묻어나던 오동도 동백꽃
누구보다 그대를 사랑합니다.

삶의 숲길

초승달 기우는 그맘때
어둠 내린 산책길
후미진 그곳엔
갓 깨어난 풀벌레 소리
수은등 빛살 아래 흩어지고
아이들의 소란이 끈적이는 놀이구들은
들짐승처럼 웅크리고 앉아
휴식의 숨을 삼키고 있다
삶은 음양의 도돌이표 선율!

안개 속에 희미해지다
칠흑의 늪지에서 흐느적대더니
남루한 시간의 벼랑에
화석으로 새겨지는 백주의 그림자들
시도 때도 없이 찾아드는 나의 숲엔
홀씨로 날아든 미완의 유충들이
단풍나무 가지에 앉아 눈빛 밝힌다.

겨울 산

사락사락 발소리 사르며
사슴 뿔 세움 장식 빚어 들고
죄 많은 지상을 향해 기도하는 행렬
헐벗은 산등성이 온통 정갈한 예식
쇠 방울 새어나는 주문 소리
시린 영혼 달래고
겨울새로 날아오를 쯤
신 새벽 숨결 모아
장승으로 서서 순백의 깃발 내걸었다

너와 나
이마를 마주하고 폐부를 열면
굴렁쇠 굴리며 다가오는 남산뫼
굽은 비탈길 겨울잠에 들 무렵
지난날의 물레 소리만 우화처럼 살아
나목들 어루만져 빚어낸 설원
맨살 얼린 자국마다
찬 눈발 내려 쌓여
땅 속으로 가라앉은 인적마다에
흰장미 수만 송이 보내왔구려!

제5부

간이역에서

지금은 물론 영원토록	
간이역에서	
여울목 돌아서서	갈대
꽃자리 굳어가고	근황
행복나무	겨울비
이브의 그 밤	임이 오시는지
들산재 바람 소리	세월호 아픔
겨울나무	흐린 창 앞에서
정월	아직 그리움
겨울 그 뒤	쏭강을 바라보며
설악산	완도를 다녀와서
	가지 않은 길
	사랑법

지금은 물론 영원토록(Now and Forever)

밀바(Milva)*가 부르는
'지금은 물론 영원토록'을 들으며
현실과 꿈 사이로 빠져 든다
'에디뜨 삐아프'의 혼이 살아온 듯
금 햇살 머금은 물결이 반짝이는 듯
하늘의 성령이 살아온 듯
혼을 빼는 목소리
몇 번이고 되돌려 들으며
시간이 정지된 늪 속으로 침잠한다.

'절망으로 지칠 때
세상의 의미를 알게 해준 너
어디로 향해 갈지 모를 때
세상 끝까지 함께 있을 너
사랑하기에 혼자가 아닌 너
두려움을 잊게 해주고
용기와 힘이 되는 네가 있어
언제까지나 함께 하겠다*는 맹세의 노래

지금은 물론 영원토록
너와 함께 맨드라미 키우며
하루가 저문다.

* 밀바(Milva) : 이탈리아 출생으로 부드럽고 감미로 천상의 목소리로 '에디뜨 빠아프'의 유명곡들을 이태리어 버전으로 녹음 발표하는 등 칸초네를 세계에 알린 가수임.
* '지금은 물론 영원토록'의 노래 가사임.

간이역에서

심장의 박동 소리 돋워 줄
등불 하나 켜기 위해
길을 나선다

하늘 향해 가슴 비운 레일 위엔
사라지는 것들이
담쟁이덩굴로 기어오르고
빗물 새든 목비처럼 낡아가는 그곳
사랑을 못 이룬 목련만
버선춤 날리며 행인을 붙잡는다
이별과 만남을
아쉬워하듯 손사래 치면서……

시간이 정지된 풍경 속에
바람을 가르고 기적 소리 달려오지만
정작 내리는 것은
오늘 뿐인 삶의 애환들
도회 찾아 시나브로 떠난 빈자리에
그리도 적막한 외로움으로 떠돌고
아픔과 눈물의 꽃
폐지처럼 쌓인 플랫폼에
슬픈 낭만의 빗방울만 추적추적 내린다.

여울목 돌아서서

활기찬 물살의 뒷모습
여울목 돌아 저만치 멀어졌지만
애틋한 순간들은
공기방울 속에 흩어져 있다
골 깊은 바람 불어오는 낭하에서
송이버섯으로 돋아난 별빛 언어들이
쏟아지는 이 밤
발소리도 없이 다가오는 기척을 위해
언제나 창문 살포시 비켜둠을 아는지.

채비 없이 피어나는 그리움이라는
한 마디 삭일 수 없음은
정녕 심중에 새겨진
주홍글씨의 후예임인가?

오가는 계절마다 밀려오는
그대 향한 간절한 메아리,
아직도 나는 기억 속의 그 강변
음표 진 물무늬 흘러와 쌓인
하얀 모래톱 위를 서성이고 있다.

꽃자리 굳어가고

맨살의 햇살이 떨고 있다
매화 꽃눈도 웅크린 일월
발길 닿는 곳마다
아직 시린 추위 뿐
나이테 찰수록 꽃자리 굳어가고
문 밖에 나서면
아찔한 낭떠러지도 보이지만
잔잔한 호수의 침묵도 반갑다

우린 언덕배기 돌아가는 길에서도
몸집 커가는 나무 아래 머물 수밖에
궁륭 자락 펼쳐진 호수 건너편
끝물에 달아오른 해넘이를
손 양산 치고 보니
누군가를 애련한 생애의 기슭이
이룬 산등성이 위로
불타는 저녁놀 번져 가고 있다.

행복나무

정수리에 돋은 왕관 잎
수줍은 듯 눈을 뜬다
머문 자리 높다 해도
남루한 등걸은 그림자
산다는 건 새날을 맞이하고
낡은 옷 버리며 가는 길인가!
혼신으로 받드는 삶의 자투리
매서운 바람 등살에서도
그침 없이 키워 왔던 행복 노래
소중한 이여
가슴 열어 듣고 있나요
그대 심중 닿을 수 있는
그만큼의 거리에
헐벗은 나무로 서 있을지라도
때가 되면 만발하는 푸른 잎의 소망
베란다 너머 허공에 선다 해도
그대 이름은 행복나무
핏줄 속 깊은 곳에 자라고 있는
온 생애 안고 갈 아름다운 이름
늘 목밀라 하는 축복 하니.

이브의 그 밤

충장로 거리엔
육모 솜털 꽃숭어리가
어둠을 밝히며 설국을 빚어내고 있었다
세상의 욕망은 늪을 빠져 나와
순결의 옷을 입은 채 흐드러지고

스탠드바 발그레한 불빛 아래서
귓불 붉히던 그들의 이야기는
달달한 칵테일을 비워 냈었지
물드는 마음 들키지 않으려고
밀리는 인파 사이로 걸었어
캐럴은 옷섶 젖히고 파고들었고
그들은 순백의 설화에 젖어 들어
꿈꾸는 눈사람이 되어 성을 쌓고

젊음의 불꽃은
형광색 대지를
잠들지 못하도록 불 밝혔으니
용곡동 12월 이브의 밤은 눈부신 설원

고샅길 오동나무는 털모자 뒤집어쓰고
부르르 잠깨어 숨 삼키며 보고 있었고
첫 입맞춤이 전율 지던 밤
개 짖는 소리마저 솜이불에 덮인 마을
'설야'의 여인이라도
환생하여 나올듯한 고요한 황홀……

지금도
눈을 감고 떠올리는 낭만의 그 날
가슴 깊은 곳에 판타지아로 흐른다.

들산재 바람 소리

느슨해진 일상을 틈타
각화마을을 지난다
들리는 말로 어떤 가련한 인생이
생을 마감했다는 정각을 지나간다
잠시 숙연해지는 마음
생의 갈기처럼 얼크러진 풀과
산 입구에 퇴색한 나뭇가지들
잔결 번지는 저수지 물비늘
의미 없이 내뱉는 몇 마디가
지나가는 산새 날개자락에 얹혀
하늘 가까이 오르다 떨어진다
먼 이상과
가까운 인연이 맞닿은 곳
산책로 걷는 내내
옷깃에 달라붙는 삼월의 훈김 타고
섬진강 오르내리는 전천후 은어가 된다
버리고 싶은 것 날리며
들산재 새로 난 길 따라
바람 속으로 쓸려 간다.

겨울나무

마음 한 켠 비우려고
소망 하나 내려 놓았다
우린 때로 연연하면서도
떠나는 배에 오르지 않던가
풍경 속 무성했던 날들은
종소리로 흩어져 가고
걸친 옷마저 내어준 채 비탈에 서서
숙명의 몸짓으로 견뎌 온 지금
굴레거니 참아온 칼바람 속의 몸부림을
그대는 알기나 하는지
외투 한 벌 간절한 시린 무소유……

앙상한 가지 끝에서 허공을 쪼는
하얀 새의 날갯짓 공허한데
눈보라 날 세운 성화도
바람막이로 받아낸 뼛속 상처들
숭숭 뚫린 잎으로 모두 떨치고
순수로 떨기 진 눈꽃 피우느라
이 부딪치는 긴 밤 맨몸으로 견디는구려.

정월

새 달력 펼친 지 수 일
해가 바뀜은 신선함일까
흰머리 몇 오라기 늘어가는 걸까
눈뜨면 안겨 오는 청량한 아침
수정빛 창문 열며
마음 속 묵도로 하루를 연다
밤사이 누빈 허구의 형상일랑
망각의 수정액으로 지워내고
가벼운 아침거리를 준비할 시간
어둠 숲에서 정수된 찬 공기 불러
묵은 때 새벽 이슬로 닦아내고
싱그러운 기운 솔솔 뿌려
건강 밥상 차려 놓고
갓 씻은 정갈한 손으로
새날을 집어 올리면
끝이 없는 설렘이 고구마 뿌리로
줄줄이 따라 올라온다.

겨울 그 뒤

가진 것 모두 내어준 들녘
정처 없는 바람만 떠돌다
빈 터에 부려놓은 쉼표들
삭풍 견딘 억새는
휘청대는 몸뚱이 추스르며
살 오를 날 기다리고
소금빛 반란 지나간 자리엔
늦잠 깬 눈석임물에
산 다람쥐 마른 입술 축이는데
숨소리 낮추었던 풀꽃들도
두런두런 외출을 준비한다
우듬지로 철드는 세월은
뿌리 깊은 나무의 나이테에 새겨둔 채
보낸 이의 빈 가슴에
떠난 이의 기별서린 작설향 삼삼하면
잎 먼저 꽃 피우는 노루귀 소식 미덥다
겨울 그 뒤엔······.

설악산

멀게만 느껴지던
강원 산간
전방 복무 사위 따라가 있는
딸에게서 한 번 올라오라는
그리움의 전갈을 받았다
보고 싶은 피붙이의 손짓에
일상을 내려놓고 설악산을 향한 여행
시간의 터널을 지나니
속초의 바다가 퍼런 현수막 들고 반긴다

신념이 너울대는 울산바위 지나
오누이의 한으로 떨어지지 못한 흔들바위
붉은 알몸의 미송들로 단장한 병풍바위
먼 발치에서 올려다 본 대청봉 자태 아래
왜소하게 투영되는 인간 모습 바라보니
오르내리는 등산로 따라 몸을 부린
담쟁이덩굴처럼
얽히고 설킨 철 지난 이야기들
기암괴석 형상마다 형형색색 그림이 되었다.

갈대

어느 바람 불던 날
순천만 갈대밭에 갔다
습지에 맨발로 서서
삭신 서걱대어도
노을 지는 잔물결에
느낌표로 걸어와 시가 되느니
왜 갈대밭에 서면 더 외로운 것일까
어스름에 밭은기침 소리는 어떡하고……
정수리 헤집고 지나가는
속 허한 철새들의 발짓도
꺽꺽 참아내다 낯빛 창백해져도
포구의 야생에 향리로 남아 서서
휘어가는 허리 곧추 세우느니
초록의 어미 마음 간직한 채
부석대는 발목 부여잡고
저물도록 흔들리다 피워 낸 서리꽃
죽도록 견디다 보면
깃털이 되는 걸까.

근황

두툼한 시간의 단추를 푼다
모서리 닳은 볕 아래
창을 씻는 손길
말갛게 닦이는 먼지와 낙서들
후줄근한 가슴은 햇살이 털어낸다
별스런 언어가 식탁에 오르지 않아도
해조음처럼 젖어 사는 일상
거품 물고 달려 와선
실없이 풀어지던
어느 겨울날 눈에 각인된
동해의 거센 파도 잠재우면
내소사 입구의 전나무 숲길이
숙녀처럼 걸어와 안긴다
가끔은
목마른 사슴이 되어
가을 호숫가에 서 있을지라도
오월 들판처럼 솟구치는 야망을 품고
민들레 홀씨 되어
이 거리 저 거리 날기도 한다.

겨울비

몸 사린 잔설 등 어루만지며
선뜻거리는 손길로 파고드는 빗방울
마른 국화 밑자리도 손 넣어 보고
투덕투덕 옮겨 딛는 발소리가
모직 커튼 투박한 창가에 머문다
빈 뜰 기웃대던 살 여린 전령사는
살그머니 나목의 우듬지에 꽃눈 틔우고
긴 겨울 채워 두었던 눅눅한 기억들
칙칙한 날개도 씻어준다
다잡아오던 일상이 느슨해지는 오늘
겨울비는 오락가락 돌아갈 줄 모르고
온종일 옷고름만 만지작거리다
댓돌 가에 젖은 신발
가지런히 세운다.

임이 오시는지

설중매 화폭에 빠져든 정월 아침
애절한 여자 가수의
'임이 오시는지'를 들으며
문득
어깨 털고 깊은 잠에서 깨어난다
어차피 삶은 흔들리는 바다
그 파문 속에서 숨쉬는 물고기가 되어
알 깬 바위 틈 찾아 헤쳐가고 있는가

매혹적인 눈꽃 소식을 열어두고
어떤 이의 인생 여백에
흠뻑 빠져 든다
하얀 눈 덮어 쓰고
초록의 잎을 꿈꾸는 핏빛 홍매화
뼈 속까지 물드는 아름다움을
어떤 은유로 불러줄 수 있을까

기린초로 굵어가는 삶
매화 향기로 저무는 생애

자취도 희미한 기억 틈새
허름한 나무 의자에 앉아본다

오마지 않은 춘설을 이고
붉은 피 얼리며
사는 것도 인생이다
저만치 임이 오시는지
귀 열어둔 채로!

세월호 아픔

2014년 4월 16일 아침 8시 55분!
세월호가 진도 맹골수도에서
급선회하다가 침몰하였다

잔인한 4월,
마른 땅에서 라일락을 피우더니
차가운 바다에
302명의 생명을 잠겨 놓았다
언제쯤 돌아올 것인가

부모와 오빠 잃은 6살 어린 여자아이의
겁먹은 눈동자가 마음 아리게 한다
11도의 바닷물에서 싸늘하게 식어간
학생과 교사들, 그리고 실종 승객들……
얼마나 춥고 무서웠을까
손톱이 빠지고
손가락이 닳아 문드러지면서도
살고자 몸부림쳤던
마지막 생을 향한 피맺힌 절규에

가슴이 아프다 못해 피멍울진다

인간이기를 포기한 이들의
순간의 잘못으로
수백 명 죄 없는 생명의 불꽃이
꺼져 가는 일은
다시는
이 땅에 발붙여서는 안 된다
더 이상
부끄러운 어른은 되지 않아야 한다
가엾은 영혼들이여,
부디 좋은 세상 찾아들어
고통 없는 영생 누리시기를!

흐린 창 앞에서

하루를 마무리하며 덧창을 민다
아이들의 외침 소리 잦아든
인적 뜸한 운동장 가에서
시한부의 숨을 토해내는
가을 나무들
붉은 기침 소리 튀어온다
만나고 헤어짐은 아픔이라고
벌거벗은 알몸으로 헤쳐 가는 삶은
물결 위의 거품처럼
위태로운 줄타기라고
누군가의 아픔까지 보듬을 줄 아는
깊은 강물의 눈을 가지라고

창문을 닫으니 아른대는 시야
흠결 없는 하늘에 티가 생기자
새뜻한 단풍마저 칙칙해진다

요즘 들어 주변엔
눈곱 낀 창이 많다

빗장 열어 여과의 손놀림 곁들이면
정갈한 대기를 맘껏 마시고
선홍빛 잎새의 불꽃 춤을
은물결 바람과 마주할 수 있을 텐데……

쉼 없이 흘러가는 세월 강
자욱한 안개 저 편에서
속살 다친 물소리를 듣는 것만 같은
흐린 창 앞에서
웅덩이에 빠진 듯 층계를 찾고 있다.

아직 그리움

아직 그리움 성성하여
플라타너스 잎사귀 뒤척이는
바람 골 통나무 의자에 기대어
달그림자 소리에 귀 기울입니다
아직 생명의 물보라 촉촉하여
은빛 꽃자리 여물고
뼈대 굵은 들녘의 여정에 듭니다.

늘 섬진강 저편 구름바다였던
휴식의 시간이
느릿한 귀엣말로 발자국 밟아오고

이제는
산을 닮은 맹세도
옷소매 붙잡던 망설임도
저만치 흘러가고 있는 여울물

오로지
그대 향한 기다림으로

돌부리 잦아든 안골 향해
오늘 이 순간도
머루 열매 삼킨 계절 속
바람꽃 쪽마루 찾아들었음에요.

쏭강*을 바라보며

여정의 막바지에서
고즈넉한 향연에 젖는다
해가 지자
반딧불처럼 살아나는 한지등
석양을 틈타 익숙한 손놀림으로
생활의 그물 치는 남자 사라지고
오색 부겐베리아 어둠에 묻혀 갈수록
금사 은사 별빛이 맘껏 쏟아진다

탑 그림자 위로
은은하게 퍼지던 잠파꽃 향기
치유와 안식이 무르익은
방비엥의 밤 지새우고
이른 아침
쏭강 강가에 앉아 있으니
볼록하게 탐진 산허리 어루만지며
산책 나온 구름조차
첩첩 이어진 산자락에 올라서서
하얀 광목 펼쳐든 느린 춤사위로

이방인 가슴에
신기로 파고든다

취옥이 출렁대는 물결 속에
빠져든 시간마저 헤어날 줄 모르고
욕망의 열차도 멈추어 버린 무아지경……
카약을 노 젓는 여행객의 얼굴에
세상의 자유가 몰려와 부서지는데
몇 조각 물방울
붕어처럼 튀어 올라
옷소매 좀 적신들 어떠리

앞서거니 뒤서거니
이승을 망각한 채 흘러가는
천상의 강물 위에
내 발길 멈추어 있는 것을!

* 쏭강 : 자연 힐링의 나라 라오스의 방비엥에 흐르고
  있는 카약 체험을 할 수 있는 강.

완도를 다녀와서

부리 맞댄 갈매기들
물 위에 미끄러지며 시간을 직조하고
쏟아지는 햇살에
고깃배들은 빈 둥지 되어 고즈넉한 오후
에메랄드 꿈이 산호처럼 자라는
완도 바다엔
조나단의 날개 홰치고 있었다
전망대에서 바라본
올망졸망 섬마을이여
그대가 살찌우는 전복 진주 초록 노래
타향인의 붓끝은 잠들 수가 없구나
오늘도
대양을 향한 장보고의 희망가
메아리 되어 감도는 장도 제방에
짙어가는 봄 쑥 향기 날아와
사월의 양기를 북돋운다
수백 년 축복의 서기 살아 숨쉬는
생명의 터전이여,
보석의 바다여!
너를 담고 온 눈자락이
푸른 날갯짓으로 눈부시다.

가지 않은 길

가을비 스친 뜨락
꽃비 양탄자를 붉은 신발로 걷는다
장밋빛 꿈을 꾸다 추락한 육신들
사랑 후에 오는 건 아픔인가
꿈 뒤에 오는 건 허무함인가

푸르던 지난날을 되돌아보며
은어 떼 눈부시던 강가를 거닐고 싶다
지나온 발자국에 새겨진 길눈 모아
종지부 없는 파란 잉크로
밤을 새워 뿌리까지 그려내고 싶다

어느 날의 몇 마디 대화가 갈림길이었음을
생애에서 기로의 선택은 외벌이란 걸
지나서야 철드는 건 후회의 허물일 뿐

계절이 지물이 떨어지는 낙엽이야
남겨 놓은 잎눈이 후일을 잇겠지만
가지 않은 길을 잊지 못하는
일방통행인 인생길은 어이할 것인가.

사랑법

삼십여 년 전
붉은 동백 가지에 눈꽃 피던 밤
오롯한 씨앗 하나
가슴 밭에 뿌렸습니다
평생 가꾸어 온 한 송이 꽃을
욕심만으로 꺾을 수 없다 하시던……

그날 이후
마음 뜰에 해란초 피어났고
음표 단 새움을 품고
시도 때도 없이
오솔길 찾아들었습니다
하늬바람 유영하는 산책로 따라
청결한 풀숲에 정의 자락 헹구며

그러다가 어느 날은
부치지 않을 편지를 썼지요
이름 없는 독백과
달빛 아래 햇살웃음을

풀꽃 매무새의 다듬이 소리로
어루고 꽃 피워온
난의 향기

시계꽃 무더기 진 텃밭 고루고루
생기로 뿌려주고 숨 불어 넣어
북돋우고 어루만져 여물립시다
우러난 세월의 단물 배도록…….

 해설

고독의 숲에서 길 찾기

_윤 삼 현
(시인·문학평론가)

1. 들어가며

『겨울 그 뒤』는 『오동꽃 필 때면』 이후 김애순 시인이 십여 년 만에 내는 시집이다. 첫 시집 이후 거듭 시적 긴장으로 언어와 치열하게 고투해 온 상념과 인식의 결과물이기에 그 의미 체계를 짚어낸다는 일이 만만치 않은 작업이라 여겨졌다. 마치 양파 껍질처럼 겹겹이 내장된 고유한 언어의 비밀을 송두리째 벗겨내는 일이란 애당초 불가능한 일인지도 모른다. 그럼에도 불구하고 이 시집의 분석을 선뜻 맡게 된 것은 순전히 김애순 시인과의 오랜 인연에서 용기를 갖게 되었다. 또 하나는 시의 흐름에 따른 일정한 방향성 정도는 잡아낼 수 있으리란 판단도 작용했음을 밝힌다.

김애순 시인의 시를 이해하는 지름길은 김 시인이 머물고 있는 고독의 숲을 일단 만나야 한다. 고독은 단순한 외톨이, 사회로부터의 소외 등 단절당한 관계가 아니라, 내면을 성찰하고 삶을 관조하기 위해 의미를 찾아 무언가를 음미하고 홀로 깨어 고뇌하는, 적극적으로 선택한 혼자의 시간이기에 재충전과 도약의 에너지로 가득 찰 수 있는 실존의 시간인 것이다. 이러한 층위가 다른 고독의 냄새, 빛깔, 맛, 분위기 등을 교감했을 때 비로소 그녀가 다양한 변주를 일으키며 걸어간 고독의 숲과 조응할 수 있으며 숲 속에 놓인 내면의 길이 보이기 시작할 것이다.

2. 결곡한 그리움

김애순의 시세계는 수많은 그리움으로 채색되어 있다. 더욱 선명히 부각되는 그리움은 성장 과정에서 원형으로 자리 잡은 가족사라는 시간 속에 켜켜이 알갱이로 맺혀 있다. 시인은 기억의 끈을 당겨 짙은 혈육애를 되새김하고 있는데 그 한가운데 어머니가 놓인다. 사무친 회한 속에서 불러보는 사모곡인 '어머니'는 시인의 일상과 육체와 영혼에 밀착하여 뜨거운 언어를 새겨감으로서 모성애적 그리움을 일깨운다.

해 가고 달 바뀌어도 삶의 빈자리
내색 한번 안 하셨어도
문득 서리곤 하던 눈가의 이슬에서
뼛속 그리움이 묻어났지요.

이제는 야윈 두 손 놓아드리니
매듭 없는 비단옷 훌훌 날리며
봉황의 날개로 구름 계단 넘으시어
이승에서 쌓으신 복대로
영생하시옵소서.

평생에 가진 것 다 내어주고
빈 몸으로 먼 길 떠나신
생명의 빛이여!
당신의 분신으로 남아
그리움에 파닥이다
그래도 보고플 땐
하늘에 닿도록
간절히 불러 보겠나이다
어머니,
나의 어머니!

─〈어머니〉 일부

  화자의 그윽한 눈빛에 알알이 맺히는 수많은 그리움의 이슬방울들. 그 중 가장 뚜렷하고 크게 빛나는 어머니라는 이슬방울. 우주적 포용력을 함유한 이슬방울은 빈 몸으로 먼 길 떠나신 생명의 빛이요, 화자의 가슴에 오롯이 남아있는 지극한 숨결이기도 하다.

이러한 모성애적 그리움은 근원적인 존재론적 그리움과 동일화를 의미한다. '어머니,/ 나의 어머니!'란 결구에서 어머니를 떠나보내고 휑한 빈자리의 허전함이 얼마나 깊은 것인지, 영혼 안에 패인 공허의 웅덩이가 얼마나 큰지를 독자가 피부로 느끼기에 별 어려움이 없을 것이다. 그리움과 고독의 진통을 앓는다는 것, 그 자체는 삶의 의미를 찾아가는 고독한 순례자의 아픔이기도 하다. 20세기 전반을 대표하는 독일 시인 라이너 마리아 릴케는 '인간은 사회에서 여러 가지를 배울 수 있다. 그러나 영감을 얻는 것은 오직 고독에 의해서만 가능하다. 그러니 당신은 고독을 사랑하라'고 문학에서의 고독의 효용성을 노래했듯이 그리움과 고독, 이 둘은 늘 창조의 원천이면서 아픔을 동반하는 공통 자질을 지닌다.

> 경칩을 앞둔 날 꽃집에 들렀다
> 함지박에 담긴 프리지어 향기
> 동굴 같은 음기를 사르고
> 산천보세 소심
> 유두 벙긋 열려 안나의 눈빛이다
>
> 귀띔 없는 자연에 숨을 섞어
> 담채화 빚어내던 천리향의 창훈은
> 가던 발길 멈추고
> 뒤뜰에 서성이던 아련한 이의 뒷모습
> 기억 어귀에 배어 맴도는데……

여뀌 풀 허리 펴는 길섶에
개울물 자작거리고
아직은 물소리에 엉겨 붙은 이월
떠나는 것은 언젠가
난 자리 그리워질 몸짓이었노라
물빛 바람 피워 올리는
간지러운 태동!
 ―〈어느 봄날〉 전문

　계절의 순환 속에 봄은 희망과 소망의 환희로 꽃망울을 터뜨린다. 생명을 잉태하는 우주적 활력으로 온통 꿈틀댄다. 시적 배경을 받친 난의 꽃대에 맺힌 꽃망울도 유두를 내민 모습이 흡사 안나 카레니나의 터질 듯 열정적인 눈빛을 닮아 설레고 수줍고 간지럽기 그지없다. 천리향 또한 짙은 향훈으로 봄의 담채화를 물들이고 있다. '어느 봄날'은 1연의 자연과 대지의 새 기운, 2연의 인간의 체취와 그리움의 내적 조응, 3연의 봄이 오는 소리를 듣는 대춘부적 성격의 구성으로 짜여 있다. 봄은 그리움을 채우는 시간대이면서 동시에 그리움을 잉태하는 시간대이다. 이런 모순적 장면은 어떤 계절이건 원초적 그리움을 가지고 있음을 반증한다. 개울물 소리의 청각적 이미지는 그리움의 감정을 자각하며 삶을 추동해가는 동력을 감지케 한다. 봄은 그리움의 채움으로 결핍을 메우지만 동경과 그리움을 거듭 잉태하는 존재론적 인식을 유발한다. 그런 자의식을 자양분으로 재생의 문학적 환기가 강렬하게 잡혀 오는 시적 전략이 구체적으로 드러나 있다.

> 계절병 잠재우려 하늘을 보면
> 도꼬마리 씨앗처럼 따라 붙는 진한 향기
> 도홧빛 정념 부풀던 여고 시절
> 히말라야시더 별 동산 회억에 풋풋해진다
> 문득 보고픈 숙이, 선이, 희야……
> 진한 향만큼이나 꽃물 뚝뚝 배어나
> 방울방울 무늬 진 낡은 나무 의자에
> 꽃비 되어 쌓이던
> 알싸한 그리움이었네.
> ―〈등꽃 향기〉 일부

 그리움을 일깨우는 진원지는 어디인가? 그곳은 삶의 그루터기에서 지난 시간을 들추어 회억하는 기억의 공간이다. 추억을 반추하도록 끊임없이 자극하는 푸른 해원 같은 공간이다. 혹은 존재론적 고독감을 느낄 때 내밀한 떨림으로 훌쩍 멀어져버린 천리 길인 듯 아득한 하늘 너머 마음의 고향이기도 할 것이다. 시적 화자는 보랏빛 인연의 추억의 나래를 저어 가다 문득 여고시절 친구들을 회억하고 있다. 여고시절은 '히말라야시더 별 동산'의 순수하고 풋풋했던 파스텔화 같은 그리움의 지향 처로 그려진다. 진한 그리움의 여백을 채우기 위해, 밤 새워 편지를 쓰거나 하얀 종이 위에 시를 쓰게 될 것이다. 도꼬마리 씨앗처럼 엉겨 붙는 진한 향기로 살며시 다가와 안기는 애틋한 얼굴들이 사무치게 그리운 것은 시인에게 불타는 십대의 열정으로 채색되어 있는 여고시절을 오롯이 복원코자 하는 알싸한 그리움을 소중히 키워왔기 때문이다.

> 보랏빛 꽃 섧게 핀 그 언저리에
> 소망의 씨알 몇 개 점지해 볼까
> 섶벌 스친 꽃술 바람에 날려
> 기다림에 야윈 뿌리
> 하얀 살 오를 때까지.
> ─〈도라지꽃〉 일부

'도라지꽃'은 그리움의 상징이다. 그리움이 낳은 기다림으로 인해 화자는 사무침이 날로 깊어가고 속삭임에는 설움이 묻는다. '소망의 씨알 몇 개' 점지하여 무한정 야윈 뿌리로 기다리기로 한 화자의 태도에서 김애순의 시는 관념의 산물이 아니라 구체적인 시정을 드러내는 이미지를 살려 표출하는 뚜렷한 방식을 채택하고 있음을 볼 수 있다. '기다림에 야윈 뿌리 하얀 살 오를 때까지'로 진술된 화자의 애틋함에서 그리움과 기다림을 동시에 포용하는 시적 고뇌가 선명히 투영되는 대목이다.

3. 번민의 내면

김애순 시 세계에서 또 하나 특질은 영혼에 비쳐진 번민하는 내면이다. 그 고뇌의 심상은 빛바랜 과거에도, 번민이 머문 현재에도 봇물처럼 밀려와 부서지는 지속적인 모티브로 나타나고 있다.

> 삼월이면 도지는 증후군
> 체념으로 견뎌온
> 씀바귀 시간들이
> 성성이 일어서는 봄밤에
> 돌무더기 얹힌 심기를
> 애써 추스른다.
> 버겁다
> 이토록 쳇바퀴 도는 일상으로
> 부대끼는 세월이 얼마이던가
> 이제는
> 봄의 정원을 묶는 생활의 끈을
> 느슨하게 풀어보고 싶다
> 가까운 후일쯤에.
> ―〈삼월의 단상〉 일부

3월은 생기가 도는 계절이다. 만물이 활력을 되찾는 소망의 계절, 삼라만상이 기지개를 켜고 발돋움하는 시기인 것이다. 그럼에도 시적 화자가 경험하는 3월은 '체념으로 견뎌온/ 씀바귀 시간들이/ 성성이 일어서는 봄밤에/ 돌무더기 얹힌 심기를/ 애써 추스른다'에서 확인하듯 부담과 상실, 노곤함과 버거움으로 점철되는 계절로 그려진다. 한 해의 출발로 새로이 맞이한 봄이라는 계절의 속맛대로 느끼지 못할 만큼 화자의 내면은, 무게감 얹힌 부담감이 남아 있어 마음의 여유를 확보하지 못한 채 계절을 맞고 있다. 의미 옅은 부유물의 엄습으로 개운하지 않고 버거운 일상을 떨치지 못하는 내면임을 엿볼 수 있다. 결국 시인에게 3월은 새로운 환기의 계절이기보다는 쳇바퀴 도는 삶의 단순성에서 개운치 못한 마음의 심상이 번뇌의 계절로 다가온다. 해마다 되풀이되는 학기 초의 분주한 업무에 발목 묶인 현실에 대한 생활의 비애감이 묻어나는 상황이라는 점, 시인의 영혼이 계절의 생동감을 잃은 채 반복되는 생활에서 헤어나고자 하는 자아의 내면을 부각시키고 있는 장면이다.

> 뜨락엔 떨고 있는 나목의 그림자
> 계절은 소리 없이 세월을 잣고
> 서정의 침묵만
> 낙엽처럼 쌓여 가는데
> 그 어디쯤
> 시간을 삼킨 철새는
> 낡은 깃털 퍼덕이며
> 빈 하늘을 날고 있을까
> ―〈삶의 포구에서〉 일부

시적 화자인 '나'의 내면은 잎새 지고 낙엽 쌓이는

을씨년스런 계절의 한가운데를 관통하고 있다. 이런 정서적 체험은 '시간을 삼킨 철새'와 화자인 '나'가 동일화된 시적 대상으로 드러나고 있으며 정서적 파동은 매우 진한 외로움을 환기한다. 시의 전면에 나타난 삶의 표정 또한 움츠러드는 늦가을을 배경으로 한 쓸쓸함과 차가움이 마음의 복합체로 떠오른다. '삶의 포구'는 단순히 이 시의 시적 오브제로서만이 아닌 시인의 전체적 삶을 관류하는 하나의 정서적 총체로 접근하여 이해할 수 있는 단서를 제공하고 있다.

> 생애 곳곳에서 만나는 이름
> 낯익은 골목길 돌아서다
> 부딪치는 벽 같은 외로움
> (중략)
> 후미진 잔설처럼
> 가슴 한 켠에 발길 붙드는
> 해묵은 상념 하나 떠 있다.
> ─〈섬〉 일부

섬의 이미지는 일반적으로 여럿에서 혼자 떨어져 있다는 외로움을 표상한다. 근원적으로 인간은 홀로 태어나 세상에 나왔고 이승을 떠날 때도 홀로 떠난다. 인간의 원형에 외로움이 도사리고 있다는 말이다. 이러한 고독감은 시인으로 하여금 철저히 자기 인식을 감행하게 부추긴다. 그리고 그 결과로 드러나는 인식의 화두가 '섬'이다. 생애 곳곳에서 만나는 외로움으로 하여 시인은 자신을 섬과 일체화하여 들여다보고 있다. 시인이 보는 외부세계 또한 곳곳이 섬이다. 시인이 들러보는 섬으로서의 세계는 그러나 중요한 비밀이 숨어 있다. 섬을 외로움, 절대 고독으로 보는 시선은 결국은 시인이 외부 세계에 대한 사랑의 눈을 가졌기 때문에 확보가 가능하다. 그리고 그런 시선의 뿌리에 자기애가 존재하고 있다. 벽 같은 외로움을 견디며 해묵은 상념에 젖는 이유는 스스로에 대한 자각과 바깥 세계에 대한 애정으로서의 관계성에 주목했기 때문에 가능한 일이다.

4. 존재론적 성찰

시적 자아와 시적 대상을 주객으로 설정한 존재론적 인식의 태도는 곧 세계를 향한 존재 탐구로서 존재의 규명을 통해 나를 발견하고자 하는 시인의 이성적 마음의 현상 과정이라 보겠다. 김애순 시인의 시편 여러 곳에는 시적 사유와 존재론적 성찰이 내밀한 언어로 녹아 배어나고 있다.

> 탯자리 찾아 나선 연어가 되어
> 물살을 거슬러간다
> 사유의 강변 따라
> 수숫대 울타리 부스럭대며 따라오는

안개 속 낯익은 발걸음 소리
가지 않은 길의 프로스트가 되어
은사시나무 아른대는 강가에 서있다.

결코 네 탓도
나의 흠도 될 수 없어
이름마저 희미해진 미망의 멍울들이
부대끼고 닳아 가라앉았다가
포말로 뒤척이는 수면 위로
부표 되어 떠도는
애처로운 인연 하나.
―〈사유(思惟)의 강〉일부

일찍이 선인은 일일삼성一日三省을 일깨워 주었다. 하루 세 차례의 반성을 통해 자신을 돌아보고 잘못을 점검해 보라는 말이다. 반성적 삶이 사람의 생활을 올곧게 개선해 줄 수 있으리라는 믿음은 자신의 존재 발견과 연계성이 있다는데 설득력을 갖는다. 지금 화자는 가을비 맞은 사유의 강가에 서 있다. 가지 않은 길의 프로스트가 되어 대다수의 사람이 가지 않은 길을 선택함에 따라 그로 인해 많은 것이 달라졌다고 하는 삶의 선택의 중요성과, 또 하나의 기회 상실감의 존재론적 성찰에 임하는 화자의 몸짓에서, 독자 또한 모순의 삶을 겪고 사는 현대의 시지프스 신화 주인공으로서의 자신을 목격하게 된다. 부대끼고 가라앉았다가 다시 포말로 떠도는 부표 같은 여정을 통해 '결코 네 탓도/ 나의 흠도' 아닌 운명의 질긴 끈에 매달려 어쩔 수 없이 치열한 존재 탐구의 시간을 갖는 화자와 동조의 시선을 가지리란 추측을 하기란 그리 어렵지 않다. 그것이 또한 인간 생애의 떨쳐낼 수 없는 조건임을 생각하면. 시적 자아와 시적 대상은 주객의 상호 존재이면서 자아의 세계를 향한 존재 규명의 통로가 되기도 하기 때문이다. 이는 시적 자아인 나의 발견이며 동시에 김애순 시인이 추구하는 이름마저 희미해진 애처로운 인연을 찾아가는 독자적인 몸짓이기도 하다.

> 우린 가끔
> 홀로 깨어
> 동굴 같은 어둠의 바다에 침몰한 채
> 걷잡을 수 없이 휘둘리고
> 부피를 가늠할 수 없이
> 요동치는 심경 다스리지 못해
> 사차원의 정서로 견디다가
> 장군바위 폭포수 소리에 놀라
> 마침내
> 물의 정령 운디네의
> 깊은 용소에서 허우적대곤 한다.
> ―〈불면〉 일부

'불면'에서 화자는 근원적 모순에 시달리고 허우적거리는 모순의 굴레에서 빠져나오지 못하는 인간상을 거듭 보여주고 있다. 유한한 삶을 살아가는 인간에게 부딪히는 한계는 언제나 동굴 같은 어둠이요, 소망의 공간에 가 닿을 수 없는 아득한 시간의 저편에서 요동치는 심사를 꾹꾹 눌러야 하는 불완전한 현실적 대상으로 존재한다. 사는 게 뭐냐고 물으면 사념의 바다를 저어가다가 결국은 '동굴 같은 어둠의 바다'에 침몰하고 마는 피난처 없는 존재요, 깊은 용소에서 허우적대는 어쩔 수 없는 사념적인 존재라는 시인의 대답을 예상하게 될 것이다. 그러나 '불면'은 그러한 주어진 존재론적 삶을 거부하면서, 새벽 네 시에도 시계추의 금속성 소리를 들으며 홀로 깨어 끝없는 불면의 밤을 견디는 아름다운 집념의 시적 지향을 보이고 있다. 그러므로 궁극적으로 독자가 시인으로부터 듣고자 하는 답은 존재 전환을 꿈꾸는 강한 시적 암시일 것이 분명하며 시에 있어서 1연의 내용이 그 단초이기도 하다.

> 치찻물 프릴스커트 껴입고서
> 바람난 꽃물결에 휩싸인다
> 나르시스 심령도 뛰어 다닌다
> 풍경 소리 흩어져간
> 어의도의 하늘은
> 수평선에 내려와 돌아갈 줄 모르고
> 엊저녁 쏟아진 달빛이
> 수십 개의 달로 환생하여

심정의 대궁 흔들어댄다
후각이 취하여 돌아서지 못한다
내민 손에 끌려
연못 속으로 빨려 들어간다
꽃무리 속에서 헤어나고자 몸부림친다.
— 〈수선화〉 일부

　원형적 심상에서 보면 달은 여성성을 은유한다. 한 달 두 번 합삭에서 만월이 되고, 다시 합삭이 되었다가 또다시 만월로 차오르는 순환과정에서 생의 탄생과 질서와 변화의 패턴을 읽게 된다. 달은 곧 다산, 성장, 소멸 등의 다양한 변주를 일으킴으로써 존재 탐구의 개인적 체험을 일으키는 시적 대상이다. '수십 개의 달로 환생하여'에서 드러난 자의식은 꽃물결이라는 봄의 원형과 탄생, 재생, 소멸의 달의 원형이 결합하여 생명의 빛, 혹은 생의 소멸 같은 끝없는 본질적 자아의 사유의 계기를 부추긴다. 세계를 명료하게 밝히고자 하는 지적 공간화(configuration)를 마련하여 결국은 충동과 갈망의 수렁에 빠져 헤어나고자 안간 힘을 다하며 흔들리는 자아의 치열한 대결 의식을 보여주려는 전략이 엿보인다. 달이 지시하는 원(circle)의 철학적 원형은 세계에서 가장 완벽한 형태의 공간으로 우주의 모든 사물에 미치는 창조적 영향의 상징물이다. 이는 영혼의 중심에 자리 잡고 평정한 질서를 낳고자 하는 심리적 지향을 내포하고 있다. 그러나 화자는 이상적 자아로서의 심리적인 균형을 찾지 못하고 흔들리며 꽃무리 속에서 몸부림치고 있다. 세계와 일치된 자아를 만나지 못하는데서 오는 자아 충돌이다. 충돌하는 자아와 극심한 세계와의 맞섬을 통해 자기 성찰과 존재 탐구의 절절한 몸짓을 드러내고 있는 작품이다.

> 하염없이 있거나 시름에 잠겨
> 나 홀로 자리에 누워 있을 때
> 내 마음 속에 그 모습 떠오르니
> 이는 바로 고독의 축복이리라
> 그럴 때면 내 마음은 기쁨에 가득 차
> 수선화와 더불어 춤을 춘다.
> ―워즈워드 〈수선화〉 일부

워즈워드는 '수선화'에서 수선화와 교감을 통해 내적 만족감을 드러내고 있다. 수선화에 대한 회상의 공간에서 영적 교류가 이루어지는 순간 자아의 충일함을 표출하고 있다. '고독의 축복'이 주는 의미는 그가 바라보는 시적 대상인 수선화가 자신을 일으켜주는 기쁨의 매개체로서 절망이나 체념 같은 어두운 자아를 온전히 벗어난 마음의 평정과 손을 잡고 있음을 보여준다. 김애순 시인의 '수선화'와 워즈워드의 '수선화'는 그런 점에서 큰 대조를 이룬다.

5. 쉼과 채움

사라짐, 비움, 상실, 허무감, 그리고 쓸쓸한 내면에도 그리움이 돋는 법이다. 그리움을 키워가는 동안 지난한 삶의 길 위에는 마침내 쉼과 채움이 있는 치유의 봄빛이 그 싹을 틔운다. 어차피 삶의 여정은 밝음과 어둠의 사이클로서 그 순환 과정이기도 하다.

> 그는 봄 서리 가자고 했다
> 구릿빛 네모난 얼굴
> 세 치에 못 이른 혀는 늘 말을 아꼈다
> 물 오른 쑥 뿌리도 쇠뜨기 틈에서
> 들숨이 차올라 보리밭에 너울거린다
> 발그레 황혼기 서린 수평선 앞에
> 봉긋한 몸을 부린 각시섬이
> 한지처럼 물들어가는 해거름녘
> 맨살 설핏 드러난 칡 등성 오르다
> 희죽 웃으며 펴 보이는
> 갓 뜯은 잎사귀
> 숲 바람에 담겨 오는 상큼한 취 냄새……
> (중략)
> 부화한 날개가 돋느라
> 어깨 끝이 스멀거린다.
> 　　　　　　　　　　　－〈봄 서리〉일부

'봉긋한 몸을 부린 각시섬이/ 한지처럼 물들어가는 해거름녘'을 응시하는 화자의 시선이 눈부시다. 상큼한 숲 바람, 푸릇한 쥐 냄새에 화자는 본능적으로 비워진 영혼에 봄 향기로 충만함을 느낀다. 이렇듯 정서적 환기의 메커니즘은 화자가 피부로 강렬히 느끼는 육감적 계절과 자의식에서 자명하게 엿볼 수 있다. 의미 옅은 하루의 모퉁이에서 부화한 날개가 돋는 육감적 언어의 마술에서 시인의 고무된 시 의식을 감지한다. 화자는 여백 속에서 몸을 채우고 영혼을 새 향기로 무장하면서 무한한 시적 에너지를 불 달구고 있다. 그리고 화자는 봄에 취해 바다로 달려간다. 바다는 그리움의 공간이자 모든 생의 어머니요, 영혼의 신비와 무한성을 내포하고 있다. 그러므로 지금 시인의 감정은 쓸쓸함과 비움의 상심의 계절을 지나, 또한 쫓김과 불안의 어둠의 숲을 지나 환희와 소망, 쉼이 확보된 최고조의 정신적 위안의 길로 들어서고 있음을 목격하게 된다.

> 하루하루 삶의 언저리에서
> 들꽃처럼 낮게 살아가다
> 문득 인연의 소중함이
> 가슴 채우는 순간
> 희끗하게 서리 내린 뒷모습에서
> 보리수나무 이파리는
> 성성하게 다가옵니다.
>
> 때로는 등이 시려 뒤척일 때
> 스치는 발부리의 온기에서

해묵혀 사르던
박꽃 같은 정을 그리며
눈 내린 이브의
그 밤처럼 설레 봅니다
그대 있음에.
― 〈그대 있음에〉 일부

문득 일상의 소중함이 감정의 여울로 생기 있게 다가올 때 자의식은 안정감을 찾고 심리적 억압으로부터 탈출하게 된다. '그대 있음에'에서 화자는 통제와 사슬의 그늘에서 비켜나 있다. 가슴을 채우며 소리 없는 강물로 다가오는 미소를 느끼고 있는 시적 자아야말로 스스로 치유와 회복의 본질적 자아를 만나는 순간이다. 이 때 비로소 화자는 분열된 자아를 넘어서 존재의 실재를 찾게 된다. 현실 세계와의 대결과 갈등이 없는 평온한 공간에서 현실을 극복하여 한 박자 쉬어가는 여유를 누리고 또한 조화로운 내면을 채울 수 있다. '박꽃 같은 정', '이브의 그 밤'에서 불안, 갈등 없는 시인의 내면과 만날 수 있다. 세계와 동일화를 꿈꾸는 시인의 체험은 그대로 독자의 체험을 끌어내어 보편적 공감을 제공하리라 믿는다.

6. 나오며

고독의 응시, 고독에의 적극적 대응이 고독을 견딜 수 있는 것임을 김애순의 두 번째 시집 『겨울 그 뒤』에서 확인할 수 있었다. 시인이 고독의 숲에서 존재 탐구의 고투 끝에 길을 찾아 나선 여정은 실로 고행과 다름없는 힘든 길이었다. 절절한 그리움에 눈물 흘리고, 뼈 시린 외로움에 영혼이 넘어지고, 벽 같은 쓸쓸함에 짓눌리기도 했다. 이제 시인은 고독의 상처를 매만지며 상흔을 깁고 치유의 길에서 차가운 두려움을 떨치기도 할 것이다. 새로운 날들을 준비하는 시인의 존재론적 사유와 성찰이 뜨락의 가을 나무 잎새처럼 사뭇 곱게 비쳐오는 것은 시어의 깊이와 폭이 인생을 말하고 있기 때문이다. 고독의 숲에서 길 찾기의 아름다운 여정이 또 다른 시어들로 풍성히 빚어지기를 기대한다.

겨울 그 뒤

인　쇄	2015년 9월 24일
발　행	2015년 9월 30일
지은이	김애순
펴낸이	박형철
편집총괄	박미라
편　집	국진경
펴낸곳	(사)한림문학재단·도서출판 한림
	61488 광주광역시 동구 백서로125번길 11(금동)
	(062)226－1810(代)·3773 FAX 222－9535
	E－mail hanlim66@hanmail.net
	출판등록 제05－01－0095호(1990. 12. 14.)
	공보처등록 바1717호(1992. 6. 2.)

값 10,000원
ISBN 978-89-6441-196-4　03810

* 이 책의 판매처 : 서울 / 교보문고(02-3973-667~8)
　　　　　　　　경기 / 인터파크(031-934-1228)
　　　　　　　　부산 / 동보서적(051-803-8000~2)
　　　　　　　　대전 / 문경서적